Auf dem Weg zu einer neuen Lernkultur
Pädagogische Schulentwicklung in den Regionen Herford und Leverkusen

Auf dem Weg zu einer neuen Lernkultur

Pädagogische Schulentwicklung
in den Regionen Herford und Leverkusen

Wilfried Lohre (Hrsg.)
Heinz Klippert

Verlag Bertelsmann Stiftung
Gütersloh 1999

Die Deutsche Bibliothek – CIP Einheitsaufnahme

Auf dem Weg zu einer neuen Lernkultur : pädagogische Schulentwicklung in den Regionen Herford und Leverkusen / Wilfried Lohre (Hrsg.). Heinz Klippert. – Gütersloh : Verl. Bertelsmann Stiftung, 1999
ISBN 3-89204-409-0

Verantwortlich: Wilfried Lohre
Lektorat: Sabine Stadtfeld
Herstellung: Christiane Raffel
Umschlaggestaltung und -abbildung: werkzwei, Lutz Dudek, Bielefeld
Satz und Druck: Hans Kock Buch- und Offsetdruck GmbH, Bielefeld
ISBN 3-89204-409-0

Inhalt

Vorwort

»Schule & Co.« ist das gemeinsame Projekt des Ministeriums für Schule und Weiterbildung, Wissenschaft und Forschung des Landes Nordrhein-Westfalen und der Bertelsmann Stiftung zur Stärkung von Schulen im kommunalen und regionalen Umfeld in den Modellregionen Kreis Herford und Stadt Leverkusen. Unter der gemeinsamen doppelten Zielstellung »qualitätsorientierte Selbststeuerung an Schulen« und »Entwicklung regionaler Bildungslandschaften« sind 52 Schulen aller Schulformen und Schulstufen aus den beiden Modellregionen beteiligt.

Eine Auswertung der schulischen Anträge zur Beteiligung am Projekt hatte ergeben, dass bei aller Unterschiedlichkeit der damaligen schulischen Entwicklungsstände vier Handlungsfelder abgeleitet werden konnten, die im Rahmen von Schulentwicklung eine große Bedeutung hatten und immer noch haben.

Diese vier schulischen Handlungsfelder sind entsprechend der Zahl ihrer Nennungen:

1. Verbesserung der pädagogischen Arbeit
2. Verbesserung der internen Kooperation und Führung
3. Verbesserung der Kooperation im Umfeld
4. Verbesserung des Ressourceneinsatzes.

Die überragende Bedeutung des ersten Handlungsfeldes »Verbesserung der pädagogischen Arbeit« für alle teilnehmenden Schulen macht deutlich, dass es um den Kern aller schulischen Aktivitäten, nämlich um die pädagogische Arbeit und damit ganz besonders um Unterricht geht. Es ist selbstverständlich, dass Schulentwicklung ohne Unterrichtsentwicklung unvollständig und letztendlich nicht erfolgreich sein kann. Darüber hinaus haben die Anträge und Wünsche der 52 beteiligten Schulen gezeigt, dass Schulentwicklung bei der Unterrichtsentwicklung ansetzen muss, wenn im Laufe der Entwicklung möglichst das ganze Kollegium erreicht werden und die Schule sich als Ganzes entwickeln soll. Qualität von Schule entsteht zuallererst im Unterricht. Für Qualität von Schule sind demnach zuallererst die Lehrerinnen und Lehrer sowie die Schulleiterinnen und Schulleiter verantwortlich. Sie brauchen bei ihrer Qualitätsarbeit allerdings die notwendigen Unterstützungen.

Wenn auch die schulischen Anträge zeigten, dass Schulentwicklung mit einer Unterrichtsentwicklung begonnen werden muss, dann ist inzwischen klar, dass sie nicht auf der Ebene vereinzelter Unterrichtsverbesserung stehen bleiben darf. Um eine nachhaltige und strukturell abgesicherte Schulentwicklung erreichen zu können, kann die Unterrichtsentwicklung nur im Verbund mit einer integrativen Personal- und Organisationsentwicklung angegangen werden.

Damit eine Verbesserung der Unterrichtsarbeit erreicht werden kann, brauchen die Lehrerinnen und Lehrer gezielte und praxiswirksame Unterstützung. Lehrerfortbildung,

Seminare und Trainings sind notwendig, damit die vielseitig geforderte Veränderung der schulischen Lehr- und Lernkultur Wirklichkeit werden kann. Lehrerinnen und Lehrer wollen und müssen lernen, ihren Unterricht den Gegebenheiten und Erfordernissen einer sich im ständigen Wandel befindlichen Gesellschaft anzupassen. Lebenslanges Lernen, Schlüsselqualifikationen und nicht zuletzt die notwendige Fachkompetenz, die durch das mäßige Abschneiden bei internationalen Vergleichstests infrage gestellt wurde, machen einen veränderten Unterricht notwendig, in dem die Schülerinnen und Schüler die Gelegenheit erhalten, sich die geforderten Qualifikationen und Kompetenzen anzueignen. Wenn aber Lehrerinnen und Lehrer lernen wollen und müssen, dann brauchen sie dazu auch die Gelegenheit und: sie brauchen Lernzeit. Veränderungen kommen nicht von allein, sie erfordern Investitionen und Zeit, die gewährt werden müssen.

Allein eine noch so gezielte und noch so exzellente Lehrerfortbildung führt nicht notwendigerweise zu einer nachhaltigen Schulentwicklung. Die persönliche Entwicklung der einzelnen Lehrerin und des einzelnen Lehrers ist sicherlich eine notwendige Voraussetzung für eine qualitätsorientierte Selbststeuerung an Schulen. Die Schule als Ganzes kann davon jedoch auf Dauer nur wenig profitieren, wenn die erzielten Entwicklungen wirklich nur beim Einzelnen verbleiben. Die Schule als Ganzes ist mehr als die Summe der an ihr beteiligten Personen.

Lernprozesse für die mit der Verbesserung der Qualität ihres Unterrichts befassten Lehrerinnen und Lehrer müssen im Sinne einer Organisationsentwicklung schulintern strukturell abgesichert werden, damit die gewünschte Nachhaltigkeit erreicht wird. Schulinterne Lernstrukturen, die das Miteinander der Lehrkräfte stützen und die Implementierung des Gelernten in die alltägliche Unterrichtsarbeit dauerhaft absichern, müssen gleichzeitig zum Training neuer Arbeitsformen entwickelt werden. Wenn Trainings nachhaltig wirksam werden sollen, müssen die notwendigen schulinternen Lern- und damit »Sicherheitsstrukturen« schon geklärt und vorbereitet sein, bevor Lehrerinnen und Lehrer von Trainings motiviert zur Veränderung der bisherigen Unterrichtsarbeit an ihren Arbeitsplatz zurückkommen. Nur so können Lernprozesse, die individuell angelegt sind, verstetigt und für das Ganze nutzbar gemacht werden. Auf den Aufbau und die Förderung schulinterner Lernstrukturen muss die Aufmerksamkeit gelenkt werden, wenn Schule wirklich zu einer lernenden Organisation im Sinne kontinuierlicher Qualitätsverbesserung werden soll. Dass dazu auch individuelle und schulische Evaluationskompetenzen aufgebaut und gepflegt werden müssen, ist selbstverständlich.

Im Rahmen des Projektes »Schule & Co.« werden damit den Anträgen und Wünschen der Schulen entsprechend beide oben genannten Ziele verfolgt. Schulentwicklung für die Einzelschule wird gekoppelt an eine regional abgestimmte Entwicklung der beteiligten Schulen, so dass die schulische Basis für die Schaffung von regionalen Bildungslandschaften gelegt werden kann und die nicht am Projekt beteiligten Schulen der Region zu einem späteren Zeitpunkt in den Gesamtprozess einbezogen werden können.

Um all diesen Anforderungen zu genügen, wurde das von Dr. Heinz Klippert entwikkelte und an zahlreichen Schulen in Deutschland erprobte Konzept der »Pädagogischen Schulentwicklung« aufgegriffen und entsprechend den schulischen und regionalen Zielsetzungen im Projekt »Schule & Co.« adaptiert und weiterentwickelt. Dabei richtete sich das besondere Augenmerk auf den gesicherten und nachhaltigen Aufbau schulinterner Lernstrukturen einerseits und auf die Entwicklung regional wirksamer Unterstützungsstrukturen andererseits. Schulische Steuergruppen, die die Grundzüge der pädagogischen Schulentwicklung kennengelernt haben und in mehreren Seminaren mit den Inhalten und Methoden des Projektmanagements vertraut gemacht wurden, sind gemeinsam mit den als feste Steuergruppenmitglieder gesetzten Schulleiterinnen und Schulleitern wesentlich für Aufbau und Pflege schulinterner Lernstrukturen verantwortlich. Regionale Steuergruppen in Herford und Leverkusen, in denen die staatliche Schulaufsicht und die Kommune zusammenarbeiten, sehen ihre Aufgabe im wesentlichen darin, diese schulischen Entwicklungsprozesse wirksam zu begleiten sowie den Aufbau nachhaltiger Unterstützungsstrukturen in der Region zu sichern.

Der komplexe Ansatz des Projektes »Schule & Co.« versucht mit seinen Leitvorstellungen von lernenden Lehrerinnen und Lehrern in einer lernenden Schule einerseits und von lernenden Schulen in einer lernenden Region andererseits seinen Beitrag dazu zu leisten, dass die Qualität von Schule sich im Sinne der Schülerinnen und Schüler, der Eltern, der Betriebe und aller am Gemeinwesen beteiligten Personen und Institutionen verbessert. Diese Komplexität führt aber nicht dazu, dass der wichtigste Ansatzpunkt für eine schulische und regionale Entwicklung aus dem Auge verloren wird: die Unterrichtsentwicklung steht im Zentrum der Aktivitäten des Projektes.

Die »Pädagogische Schulentwicklung« ist wesentlicher Teil und doch eingebettet in das Gesamtprojekt »Schule & Co.«. Sie wird flankiert und unterstützt durch entsprechende Seminare im Bereich des Projektmanagements für schulische Steuergruppen und durch eine nachfrageorientierte Weiterqualifizierung der Schulleiterinnen und Schulleiter. Sie stellt ein auf die Regionen Herford und Leverkusen abgestimmtes Angebot an alle Projektschulen dar, das, sobald die Kapazitäten aufgebaut sind, auch auf die Nicht-Projektschulen ausgedehnt werden kann und soll. Der im Konzept der pädagogischen Schulentwicklung enthaltene Ansatz eines sozialen Lernens stellt zugleich das wichtigste Bindeglied zur differenzierten Arbeit der kommunalen Jugendhilfe dar. Mit dem angestrebten Erwerb von Schlüsselqualifikationen öffnet die pädagogische Schulentwicklung zugleich vielfältige Kooperationsmöglichkeiten zwischen Schule und Betrieb. Es zeigt sich in beiden Modellregionen, dass bei entsprechender Information und Einbindung die Eltern das Konzept mittragen und ihre Schule darin unterstützen.

Ob diejenigen, um die es letztendlich geht, nämlich die Schülerinnen und Schüler, besser, umfangreicher, schneller oder effektiver lernen, wird sich zeigen. Theoretisch und konzeptionell ist der Ansatz klar. Welche Wirkung er tatsächlich bei allen Beteiligten zeigen wird, bleibt einer quantitativen und qualitativen Evaluation vorbehalten. Das Projekt und alle an ihm mitwirkenden Personen wollen diesen Ansatz versuchen. Wer etwas versucht, kann dabei Fehler machen, die, wenn sie erst einmal erkannt sind, abgestellt werden können und müssen. Wer aber erst gar nichts versucht, hat den entscheidenden Fehler schon gemacht.

Den nachfolgenden Text hat Dr. Heinz Klippert für das Projekt »Schule & Co.« verfasst. Dafür sind wir ihm sehr dankbar. In vielfältigen gemeinsamen Diskussionen wurde sein Ansatz der pädagogischen Schulentwicklung für die schulischen und regionalen Bedingungen in Herford und Leverkusen adaptiert. Die Diskussionen waren für alle sehr wertvoll, denn alle haben aus ihnen gelernt. Eine breite Allianz von staatlichen Stellen, kommunalen Trägern, von Lehrerinnen und Lehrern, Eltern und Betrieben hat im Rahmen des Projektes »Schule & Co.« eine Verantwortungsgemeinschaft gebildet, um eine optimale und ganzheitliche Entwicklung von Kindern und Jugendlichen zu gewährleisten. Die pädagogische Schulentwicklung gehört als Herzstück dazu.

Dr. Heinz Klippert hat mit seinen zahlreichen Veröffentlichungen wichtiges Material für die reale unterrichtliche Umsetzung der pädagogischen Schulentwicklung geliefert, das eine wertvolle Hilfe für alle beteiligten Lehrerinnen und Lehrer darstellt. Mit dieser Veröffentlichung wird erstmals der konzeptionelle Ansatz der pädagogischen Schulentwicklung so beschrieben, wie er sich auf der Grundlage der zahlreichen Erfahrungen von Dr. Heinz Klippert in der konkreten und weiterentwickelten Ausprägung in Herford und Leverkusen zur Zeit darstellt. Damit wird sicherlich auch ein erster wichtiger Beitrag zum Transfer von Projektergebnissen und -zwischenergebnissen geleistet.

Wilfried Lohre, Projektleiter
Bereich »Staat und Verwaltung«
Bertelsmann Stiftung

1 Zum Konzept der Pädagogischen Schulentwicklung (PSE)

Schulentwicklung tut not. Darin sind sich Bildungspolitiker, Schulforscher, Wirtschaftsvertreter, Lehrkräfte, Eltern und nicht zuletzt auch die Schülerinnen und Schüler einig. Das bundesdeutsche Schulwesen steckt offenkundig in einer Krise. Die Schülerinnen und Schüler monieren nicht selten den langweiligen Unterricht und reagieren auch deshalb mit zunehmendem Desinteresse, mit Disziplinlosigkeit und Leistungsversagen. Die Betriebe vermissen u. a. die konsequente Vermittlung zukunftsgerechter »Schlüsselqualifikationen« wie Selbständigkeit, Kreativität, Eigeninitiative, Verantwortungsbewusstsein, Kommunikationsfähigkeit, Methodenbeherrschung und Teamgeist. Internationale Vergleichsstudien (s. TIMSS) bescheinigen dem bundesdeutschen Schulwesen ein eher mäßiges Niveau und ein deutlich veraltetes Methodenrepertoire der Lehrkräfte. Besorgte Eltern sehen daher die Studien- und Berufschancen ihrer Kinder bedrohlich schwinden und fordern eine zeitgemäßere Bildungsarbeit. Die verantwortlichen Bildungspolitiker schließlich plädieren angesichts dieser Krisenstimmung und -symptome für mehr Eigenverantwortung der Schulen, für effektive Schulprogramme und -profile sowie für eine konsequentere Qualitätsentwicklung und Qualitätssicherung. Und die Lehrkräfte selbst? Sie beklagen mit wachsendem Unmut die stetig schlechter werdenden Rahmenbedingungen der schulischen Arbeit und fühlen sich angesichts der vielfältigen neuen Anforderungen und Herausforderungen in hohem Maße verunsichert und vielfach auch überlastet.

Die Notwendigkeit wirksamer Schulentwicklung ist unstrittig. Die Frage ist nur, wie und wo anzusetzen ist. Der hier vertretene Ansatz stellt die Unterrichtsentwicklung ins Zentrum der Schulentwicklungsarbeit. Dreh- und Angelpunkt der Schulentwicklung ist also die Um- und Neugestaltung des Unterrichts einschließlich der kreativen Weiterentwicklung der unterrichtlichen Rahmenbedingungen.

Vier Merkmale kennzeichnen eine so verstandene *Pädagogische Schulentwicklung* (PSE): sie ist *unterrichtszentriert, methodenzentriert, servicegestützt* und *teamorientiert.* Was das im Einzelnen heißt und welche Überlegungen hinter diesen Akzentsetzungen stehen, wird in diesem einleitenden Abschnitt skizziert (vgl. dazu auch Klippert 1997 und 1997a). Gestützt sind die nachfolgenden Ausführungen auf mehrjährige Erfahrungen, die der Verfasser im Rahmen seiner Schulentwicklungsarbeit in den kommunalen Schulsystemen in München, Nürnberg und Wien, im Flächenland Steiermark (Österreich), in verschiedenen deutschen Auslandsschulen, in mehren Schulen in Rheinland-Pfalz sowie vor allem im Rahmen von »Schule & Co«, des gemeinsamen Projektes des Schulministeriums in Nordrhein Westfalen und der Bertelsmann Stiftung in den Modellregionen Herford und Leverkusen sammeln konnte. Dieses Projekt steht zugleich im

Mittelpunkt des Praxisberichts in Kapitel 2, in dem die konkrete Umsetzung des PSE-Programms in der Einzelschule und in der Region skizziert wird.

1.1 Im Zentrum steht die Unterrichtsreform

Eine erfolgversprechende Schulentwicklung muss erfahrungsgemäß so ansetzen und so organisiert werden, dass sich das Gros der Lehrkräfte in den Kollegien unmittelbar angesprochen fühlt und die vorgesehenen Innovationsmaßnahmen als sinnvoll und nützlich für die persönliche Bewältigung des Schulalltags ansieht. Andernfalls besteht die Gefahr, dass ein angelaufener Innovationsprozess sehr schnell in sich zusammenbricht, weil sich zu viele Akteure überfordert und/oder in Entwicklungsprogramme hineingezogen fühlen, die viel Zeit und Energie kosten, ohne in der alltäglichen pädagogischen Arbeit spürbar weiterzuhelfen.

Pädagogische Schulentwicklung, wie sie hier verstanden wird, stellt dezidiert auf die Veränderung und Verbesserung des Unterrichts ab und reduziert damit das schulische Innovationsfeld auf einen überschaubaren, praxisrelevanten Handlungsbereich. Schließlich ist der Unterricht nicht nur der Kernbereich der Lehrertätigkeit, sondern auch der eigentliche Produktionsort für schulische Qualität und er ist nicht zuletzt ein virulentes Problemfeld, das viele Lehrkräfte beträchtlich verunsichert und nach neuen Perspektiven für die pädagogische Arbeit fragen und suchen lässt. Diese subjektive Betroffenheit und Verunsicherung ist der Nährboden für eine gedeihliche Schulentwicklungsarbeit.

Hilbert Meyer begründet diese unterrichtszentrierte Akzentsetzung der Schulentwicklung noch schärfer und grundsätzlicher: »Schulentwicklung ist«, so schreibt er, »kein Selbstzweck. Ihre einzige Legitimation liegt darin, das Lehren, Lernen und Leben in der Schule humaner und erfolgreicher zu machen.« (Meyer 1997, S. 49). Von daher ist für ihn der erste Schritt zur Schulreform die Erneuerung der Unterrichts- und Methodenkultur im Schulalltag (vgl. ebd., S. 159). Auch in anderen aktuellen Publikationen zum Thema Schulentwicklung wird mittlerweile der zentrale Stellenwert der Unterrichtsentwicklung herausgestellt (vgl. Schratz/Steiner-Löffler 1998, S. 41, Rolff u. a. 1998, S. 14, Eikenbusch 1998, S. 43).

Ausgeprägter Innovationsbedarf besteht seit Jahren auf dem Gebiet der Unterrichtsmethodik. Angesagt sind offener Unterricht, Freiarbeit, Wochenplanarbeit, Stationenarbeit, Projektarbeit und andere Formen des eigenverantwortlichen Arbeitens und Lernens der Schülerinnen und Schüler. Diese neuen Lernformen sind ohne einschneidende methodische und schulorganisatorische Maßnahmen und Veränderungen schwerlich zu verwirklichen. Angesagt sind ferner gezielte Maßnahmen zur Vermittlung elementarer Schlüsselqualifikationen im methodischen, im sozialen und im kommunikativen Bereich, die insbesondere vonseiten der Wirtschaft betont und gefordert werden. »(Die) Arbeit in Gruppen oder funktionsübergreifenden Teams«, so heißt es z. B. in einer Stellungnahme der Siemens AG, »nimmt immer mehr zu, der klassische Einzelkämpfer im Beruf verschwindet mehr und mehr. Daher wird von jungen Leuten in Zukunft ein hohes Maß an Team- und Kommunikationsfähigkeit erwartet ... Wer nicht zu systematischem Denken und Arbeiten fähig ist, verliert an einem Arbeitsplatz, der mit immer komplexerer Technik ausgestattet wird, schnell den Anschluß.« (Bildung konkret 10/1996, S. 8).

Wer aber soll diese Qualifikationen in unseren Schulen vermitteln? Den meisten Lehrkräften fällt es schwer, die traditionellen Bahnen des darbietenden, stofforientierten

Unterrichts zu verlassen. Sie haben während ihrer Ausbildung gelernt zu *lehren* und den obligatorischen Lernstoff »durchzunehmen«, nicht aber geschickt zu moderieren und die Schülerinnen und Schüler zum selbständigen Arbeiten und Lösen von Problemen in Teams zu befähigen. Dies ist auch die Kritik, die sich aus den sogenannten TIMSS-Studien ableiten lässt, die in den letzten Jahren für einigen Wirbel gesorgt haben. Der Mathematik- und Naturwissenschaftsunterricht in deutschen Landen sei phantasielos, so heißt es dazu in einem zusammenfassenden Bericht im »Spiegel«; er setze zu sehr auf stures Büffeln und zu wenig auf kreative Lösungen. Mathematikunterricht in Deutschlands Schulen sei eher »Wissenserwerbsunterricht«, der auf das Beherrschen von Verfahren ziele, während z. B. in Japan sehr viel stärker auf »Problemlösungsunterricht« gesetzt werde, der mathematisches Verständnis und mathematisches Denken schule und sich zudem durch intelligente Formen des Anwendens und Übens auszeichne (vgl. Der Spiegel 8/1997, S. 20). Bestätigt wird diese Kritik u. a. von den deutschen Mathematikfachverbänden, die unlängst monierten, in deutschen Landen werde zuviel Wert gelegt »... auf das routinemäßige, manchmal gar schematische Lösen von Standardaufgaben.« (vgl. Die Zeit vom 5.3.1998, S. 35). Wohlgemerkt: Diese kritischen Hinweise zur alltäglichen Unterrichtsgestaltung gelten keinesfalls nur für den mathematisch-naturwissenschaftlichen Bereich.

Baden-Württembergs Kultusministerin Annette Schavan hat vor diesem Hintergrund die richtungsweisende Forderung erhoben, Schule müsse von der Belehrungskultur wieder zur Lernkultur finden. Schülerinnen und Schüler dürften nicht länger in Routine erstarren. Anstatt noch länger über Strukturen und Formen zu philosophieren, müsse im Zentrum der Bildungspolitik endlich wieder Unterrichtsqualität stehen (vgl. Stern 23/1998, S. 20). So richtig diese programmatische Aussage auch ist, so sehr stellt sich doch die Frage, wie man zu dieser *Lern*kultur kommt. Einige Lehrkräfte sind ganz sicher längst auf dem Weg, und die meisten Lehrerinnen und Lehrer sind mittlerweile guten Willens, ihren Unterricht zu verändern. Nur wissen viele nicht wie. Hier sind gezielte Unterstützungs- und Trainingsmaßnahmen vonnöten.

Die zentrale Bedeutung unterrichtszentrierter Innovationen läßt sich allerdings nicht nur objektiv begründen, sie wird von den meisten Lehrkräften auch ganz subjektiv eingestanden und betont. Der »Leidensdruck« an Deutschlands Schulen ist groß. Die Bereitschaft, neue Unterrichtsmethoden zu praktizieren und Schülerinnen und Schüler entsprechend zu fordern und zu fördern, ist in den Kollegien erfahrungsgemäß recht verbreitet, nicht zuletzt deshalb, weil viele Lehrkräfte darin den Schlüssel zu mehr Lernerfolg, spürbarer Entlastung und größerer Berufszufriedenheit sehen. Daher ist die Kultivierung neuer Lehr- und Lernformen ein wirklich tragfähiger Ausgangspunkt einer erfolgversprechenden Schulentwicklung.

1.2 Das »Neue Haus des Lernens« im Überblick

Dreh- und Angelpunkt der angestrebten neuen Lernkultur ist das eigenverantwortliche Arbeiten und Lernen der Schülerinnen und Schüler, kurz »EVA« genannt (vgl. Abb. 1), und zwar mit dem Ziel, die im Dachgeschoss des Unterrichtsgebäudes angesiedelten Schlüsselqualifikationen möglichst wirksam zu erreichen. In einem Unterricht, in dem vorwiegend der Lehrer exzerpiert, strukturiert, interpretiert, analysiert, argumentiert, fragt, kontrolliert, kritisiert, organisiert, Probleme löst und in sonstiger Weise das Lernen managt und dominiert, können die Schülerinnen und Schüler diese Qualifikationen naturgemäß nur schwer erwerben. Daher ist »EVA« zwingend notwendig; allerdings nicht nur im Sinne von Projektarbeit, Stationenarbeit, Wochenplanarbeit oder ähnlichen Hochformen des eigenverantwortlichen Arbeitens und Lernens. »EVA« muss viel schlichter ansetzen und zunächst einmal im ganz normalen Fachunterricht mit seinen zeitlichen und stofflichen Restriktionen intensiviert werden – kleinschrittig und eher unspektakulär. Denn nur auf diesem Wege lassen sich die vielen Lehrkräfte in unseren Schulen, die sich primär als *Fach*lehrer und Wissensvermittler verstehen, für die skizzierte Unterrichtsentwicklung gewinnen. Was letztere zudem zu überzeugen vermag: Je selbständiger, zielstrebiger, kreativer, verantwortungsbewusster, disziplinierter, methodenbewusster, kommunikations- und kooperationsfähiger die Schülerinnen und Schüler werden, desto mehr können sich die zuständigen Lehrkräfte im Unterricht zurücknehmen und persönliche Entlastung erfahren. So gesehen ist »EVA« eine recht lohnende Angelegenheit – nicht nur für die Schülerinnen und Schüler, sondern auch und zugleich für die Lehrerinnen und Lehrer.

Allerdings setzt die Intensivierung des eigenverantwortlichen Arbeitens und Lernens im Unterricht zwingend voraus, dass die Schülerinnen und Schüler über einigermaßen tragfähige methodische Kompetenzen und Routinen verfügen, die ihnen persönlichen Erfolg sichern und nachhaltige Motivation aufbauen helfen. Konkret: Sie müssen die gängigen Lern- und Arbeitstechniken beherrschen, sie müssen argumentations- und kommunikationsfähig sein und sie müssen gelernt haben, konstruktiv und regelgebunden im Team zu arbeiten. Gerade bei diesen Basiskompetenzen aber gibt es vielerorts noch immer gravierende Defizite, die Schülerinnen und Schülern wie Lehrerinnen und Lehrern das Leben schwer machen, wenn offene Unterrichtsformen und selbstgesteuertes Lernen realisiert werden sollen. Hier muss nachgebessert und weiterentwickelt werden, wenn das »Neue Haus des Lernens« ein solides Fundament bekommen und der drohenden Überforderung der Schülerinnen und Schüler konsequent entgegengewirkt werden soll.

Die im neuen Haus des Lernens (Abb. 1) als Fundament angedeuteten »Sockelqualifikationen« betreffen erstens das Einüben elementarer Lern- und Arbeitstechniken wie Markieren, Exzerpieren, Strukturieren und Visualisieren (*Methodentraining*), zweitens das Training grundlegender Argumentations- und Kommunikationstechniken bis hin zur Rhetorik (*Kommunikationstraining*) sowie drittens die systematische Kultivierung von Teamfähigkeit und Gruppenunterricht (*Teamentwicklung*) durch vielfältige Übungen und Reflexionen. Ohne diese methodenzentrierte Übungs- und Klärungsarbeit steht das eigenverantwortliche Arbeiten und Lernen der Schülerinnen und Schüler auf sehr wackligen Füßen.

Die meisten Lehrkräfte aber haben derartige Schulungsmaßnahmen weder während ihrer eigenen Schulzeit noch während ihrer Ausbildung an der Universität und im Studienseminar erlebt und haben deshalb verständlicherweise Scheu davor, das Training der angedeuteten Sockelqualifikationen in Angriff zu nehmen. Deshalb brauchen sie Training, damit sie für ihre unterrichtliche Arbeit mit den Schülerinnen und Schülern mehr Sicherheit gewinnen. So sehr es einerseits notwendig ist, diese Trainingsarbeit zumindest in die zweite Phase der Lehrerausbildung zu integrieren, so sehr ist dies andererseits drängende, zentrale Aufgabe und Herausforderung für die Lehrerfortbildung – und ein essentielles Merkmal der Pädagogischen Schulentwicklung. Näheres dazu findet sich im Abschnitt 1.4.

Das neue Haus des Lernens

(mögliches Schulprogramm)

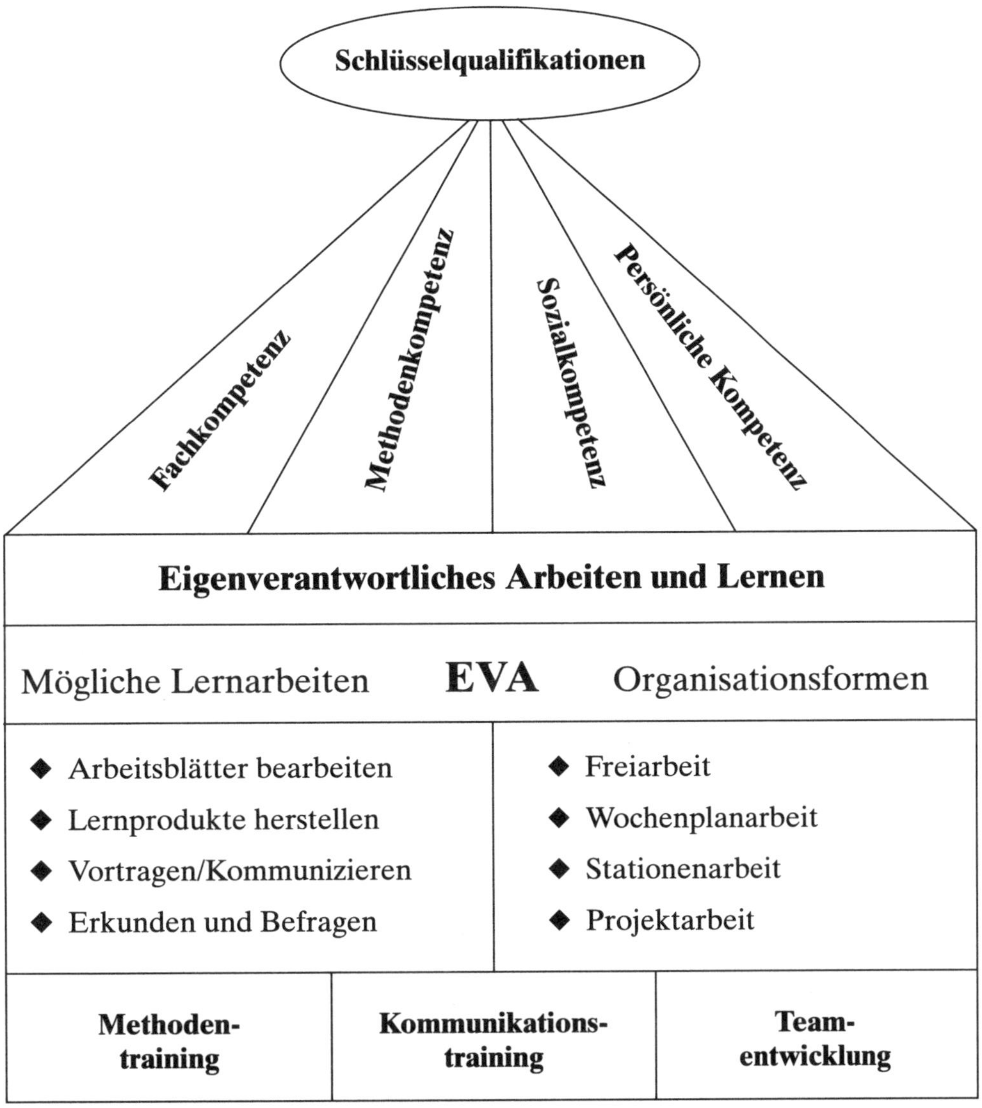

Abb. 1

1.3 Die Kernziele der Pädagogischen Schulentwicklung

Welche Ziele sich mit der hier vertretenen Schulentwicklungsstrategie verbinden und welche Chancen und Perspektiven sich daraus für Schülerinnen und Schüler, Lehrkräfte, Eltern und Kommunen ableiten lassen, zeigt Abb. 2 im Überblick. Zu den angeführten Zielfeldern und Zielsetzungen im Einzelnen:

■ *Intensivierung und Erweiterung des fachlichen Lernens*
Methoden-, Kommunikations- und Teamtrainings sowie das darauf aufbauende eigenverantwortliche Arbeiten und Lernen der Schülerinnen und Schüler fördern deren Fachkompetenz. Denn es geht im Unterricht ja nicht allein darum, fachliche Kenntnisse und Erkenntnisse zu lernen und bei Gelegenheit zu reproduzieren. Fachkompetenz verlangt vor allem fachliche Souveränität und Problemlösungskompetenz, fachspezifische Kommunikations- und Präsentationsfähigkeit, fachbezogene Methodenbeherrschung und Teamfähigkeit. Diesem erweiterten Verständnis von Fachkompetenz wird durch die neuen Lernformen und Trainingsmaßnahmen Rechnung getragen.

■ *Ausstrahlung der Unterrichtsreform auf die ganze Schule*
Die Reform beschränkt sich natürlich nicht nur auf methodische Fragen und Qualifizierungskampagnen, sondern erfasst nach und nach auch andere Bereiche des Schullebens und der Schulorganisation: die didaktischen Jahrespläne wie die Stundenplangestaltung, die Lehrereinsatzplanung wie die Konferenzgestaltung, die Sitzordnung wie die Klassenraumgestaltung, die Projektarbeit wie die Arbeitsgemeinschaften, die Elternarbeit wie die Öffentlichkeitsarbeit, die Lehrerkommunikation wie die Lehrerkooperation, die Ressourcenbeschaffung wie die Schulprogrammarbeit. Es entsteht gleichsam ein Innovationssog, der von den unterrichtszentrierten Reformbemühungen ausgeht. Es entstehen neue Möglichkeiten für Lehrerinnen und Lehrer, sich auf einer neuen Grundlage mit alten didaktischen Fragestellungen zu befassen. Näheres dazu wird im Abschnitt 1.6 ausgeführt.

■ *Entlastung der Lehrkräfte vom ständigen »Geben-Müssen«*
In dem Maße wie die Schülerinnen und Schüler trainieren und lernen, selbständig, diszipliniert und methodenbewußt allein oder in Kleingruppen zu arbeiten und die jeweils anstehenden Aufgaben zu lösen, tritt eine merkliche Entlastung für die Lehrkräfte ein. So gesehen ist Entlastung nicht nur nötig, sondern auch möglich. Das gilt nicht nur für das unmittelbare Unterrichtsgeschehen, sondern auch für die Unterrichtsvorbereitung – vorausgesetzt allerdings, es wird verstärkt auf Teamarbeit und auf die konsequente Nutzung der vorhandenen Medien, Materialien und sonstigen Potentiale gesetzt. Zu diesen letztgenannten Potentialen gehören u. a. die Schülerinnen und Schüler als Helfer und Miterzieher im Unterricht. In diesen Funktionen müssen sie viel stärker gefördert und gefordert werden. Dann haben die Lehrkräfte gute Chancen, ihre Belastung zu reduzieren. Lehrerinnen und Lehrer, die die Rolle von Lernern annehmen, werden Spaß am Lernen entwickeln. In dem Maße, wie sie die positiven Aspekte ihres eigenen Lernprozesses in eine erfolgreiche Unterrichtsgestaltung umsetzen können, wird sich ihre Berufszufriedenheit steigern.

Kernziele
der pädagogischen Schulentwicklung

1. Intensivierung und Erweiterung des fachlichen Lernens

   - ❒ Steigerung der fachlichen Souveränität
   - ❒ Festigung elementarer Arbeitstechniken
   - ❒ Verbesserung der Kommunikationsfähigkeit
   - ❒ Förderung der Teamfähigkeit im Klassenraum

2. Ausstrahlung der Unterrichtsreform
   auf die ganze Schule

   - ❒ Veränderung der Stoffverteilungspläne und des Lehrereinsatzes
   - ❒ Veränderung der Klassenraum- und Schulgestaltung
   - ❒ Veränderung der Konferenzkultur und -gestaltung
   - ❒ Veränderung der Eltern- und Öffentlichkeitsarbeit
   - ❒ Veränderung der Lehrerkommunikation und -kooperation

3. Entlastung der Lehrerinnen und Lehrer
   vom ständigen »Geben-Müssen«

   - ❒ Mehr eigenverantwortliches Arbeiten der Lernenden
   - ❒ Schüler als Helfer und Miterzieher im Unterricht
   - ❒ Entlastung der Lehrkräfte durch produktive Teamarbeit

4. Entlastung der Kommunen von sozialen Folgekosten

   - ❒ Beitrag zur Gewaltprophylaxe und Suchtprävention
   - ❒ Förderung von Toleranz und Gemeinsinn
   - ❒ Standortsicherung durch Schlüsselqualifikationen

 Abb. 2

■ *Entlastung der Kommunen von sozialen Folgekosten*
Pädagogische Schulentwicklung kann nicht zuletzt dazu beitragen, dass die Schule ihre sozialintegrative Funktion wirksamer als bisher üblich erfüllen kann. Denn in dem Maße, wie Selbständigkeit, Methodenkompetenz, Kommunikationsfähigkeit, Teamfähigkeit, Lernmotivation und Lernerfolg der Schülerinnen und Schüler gefördert werden, wachsen auch ihr Selbstwertgefühl, ihre Leistungsfähigkeit und ihre soziale Kompetenz. Das aber ist ganz unstrittig ein wichtiger Beitrag zur Gewaltprophylaxe und Suchtprävention sowie zur erfolgreichen Integration der Jugendlichen in den Arbeitsmarkt, der zunehmend Schlüsselqualifikationen der genannten Art fordert. Das wiederum kann dazu beitragen, die Ausgaben der Gebietskörperschaften zur Bekämpfung von Gewalt, Drogen, Arbeitslosigkeit und sonstigen Negativerscheinungen der modernen Lebenswelt zu reduzieren.

1.4 Methodenzentrierte Qualifizierungsprozesse

Wenn selbständiges Arbeiten und Lösen von Problemen in Teams zentrales Anliegen Pädagogischer Schulentwicklung ist, dann müssen die entsprechenden Sockelqualifikationen systematisch eingeübt und geklärt werden. Das gilt für Schülerinnen und Schüler wie für Lehrerinnen und Lehrer. Sie brauchen das praktische Üben anhand ausgewählter Beispiele und Trainingsarrangements, um die nötigen Lehr-/Lernroutinen in methodischen Dingen zu entwickeln. Das beginnt beim exemplarischen Üben und Klären elementarer Lern- und Arbeitstechniken und reicht über das Training grundlegender Kommunikations- und Kooperationstechniken bis hin zur intelligenten Organisation des eigenverantwortlichen Arbeitens und Lernens im (Fach)-Unterricht. Da auf die unterrichtliche Trainingsarbeit mit Schülerinnen und Schülern in mehreren Beiträgen in Kapitel 3 noch näher eingegangen wird, sollen hier zunächst nur die Qualifizierungs- und Unterstützungsmaßnahmen für die Gruppe der Lehrerinnen und Lehrer beleuchtet werden.

Lehrkräfte in Schulen, die die Schülerinnen und Schüler methodisch stärker fordern und fördern möchten, erwarten und brauchen ganz konkrete Unterstützung und praxiserprobte Hilfen. Zwar gibt es in jedem Kollegium immer Menschen, die über beträchtliches Innovations-Know-how verfügen und im Schulalltag häufig auch beeindruckende Pionierarbeit leisten; nur sind sie in ihren Kollegien zumeist deutlich in der Minderheit und keineswegs so integriert und angefragt, dass sie als Helfer, Ratgeber und Weichensteller nachhaltig wirksam werden können. Vorherrschend ist in den meisten Kollegien vielmehr eine recht ausgeprägte Skepsis und häufig auch eine bewusste Abgrenzung der Mehrheit gerade gegenüber diesen Pionieren und potentiellen Innovationsberatern. Daher werden deren Potentiale meist für die Entwicklung der ganzen Schule nicht relevant.

Was also tun? Die bisherige Innovationsarbeit zeigt, dass in den »normalen« Kollegien dann etwas zu bewegen ist, wenn mit Hilfe externer Experten ausgelotet und mittels praktischer Übungen und bewährter Beispiele überzeugend geklärt wird, wie die angestrebten neuen Lern- und Trainingsformen im Unterricht realisiert werden können, und zwar mit möglichst wenig Zeit- und Arbeitsaufwand und mit geringem Risiko. Letzteres ist für das breite Mittelfeld in den Kollegien ein ganz entscheidender Gesichtspunkt, den man weder übersehen noch geringschätzen darf. Erfahrungsgemäß kommt es bei diesem weniger risikobereiten und eher traditionell eingestellten Mittelfeld am besten an, wenn im Wege des »learning by doing« ganz praktische Einblicke und Routinen vermittelt werden, die im Unterrichtsalltag verlässlich weiterhelfen. So lassen sich Angst und Unsicherheit am wirksamsten abbauen und die nötigen persönlichen Kompetenzen und Überzeugungen aufbauen. Das spricht für eine ebenso systematische wie intensive Trainingsarbeit im Rahmen der (schulinternen) Lehrerfortbildung.

Neue Methoden muss man einfach erfahren, sollen sie hinreichend verstanden und verinnerlicht werden. Deshalb werden den interessierten Kollegien bzw. Teilkollegien Trainingstagungen zu den aus Abbildung 1 ersichtlichen Qualifikationsfeldern angeboten, die nach dem hier vertretenen Konzept profiliert sind. »EVA« im Fachunterricht, Methodentraining mit Schülerinnen und Schülern, Teamentwicklung im Klassenraum und Kommunikationstraining im Unterricht – das sind die Grundmodule des Trainingsprogramms. Hinzu kommt eine Einführungstagung für die pädagogischen Führungskräfte – das Entwicklungsteam bzw. die Steuergruppe der jeweiligen Schule –, die die Pädagogische Schulentwicklung in Angriff nehmen möchten (vgl. Abb. 3). Spezielle Angebote zum Projektunterricht, zur Stationenarbeit, zur Wochenplanarbeit, zum Lernfeld »Rhetorik« oder zu anderen Spezialgebieten des eigenverantwortlichen Arbeitens und Lernens können sich unter Umständen anschließen, sofern ein (Teil-)Kollegium dieses will. Wichtig ist nur, dass die angedeutete Trainingsarbeit möglichst systematisch und kontinuierlich erfolgt, damit sich die Lehrkräfte nachhaltig vergewissern und mit den angeführten Methoden vertraut machen können.

Ob das skizzierte Trainingsprogramm von einem Kollegium tatsächlich angefordert und genutzt wird, ist allein Sache der Lehrerkonferenz. Nur wenn diese mit mindestens Zweidrittelmehrheit beschließt, den Prozess der Pädagogischen Schulentwicklung im eigenen System anzugehen, setzt die konkrete Trainingsarbeit ein. Sie wird moderiert und unterstützt von ausgebildeten Trainerinnen und Trainern der Pädagogischen Schulentwicklung (vgl. Abb. 3), die im Auftrag des jeweils zuständigen Lehrerfortbildungsinstituts bzw. der zuständigen Schulaufsicht tätig werden.

Das Trainingsprogramm einschließlich der korrespondierenden Beratungs- und Materialangebote hat für die Kollegien einige reizvolle Vorteile: Zum einen wird der schulinterne Meinungsbildungs- und Entscheidungsprozess in Sachen Schulentwicklung durch das profilierte Angebot bewährter Trainings-, Material- und Beratungsleistungen entscheidend abgekürzt und damit die zusätzliche Konferenzbelastung minimiert, zum anderen stehen dem jeweiligen Kollegium grundständig ausgebildete und erfahrende Trainerinnen und Trainer zur Verfügung, die für einen effektiven und fundierten Klärungs- und Qualifizierungsprozess Sorge tragen. Schließlich gewährleistet der klar strukturierte und in der Praxis vielfach bewährte Trainings- und Innovationsfahrplan, dass der pädagogische Innovationsprozess in einem Kollegium relativ zügig und konsequent vorangebracht werden kann. Ein solcher »Innovationsservice« ist nicht nur legitim, sondern angesichts der bestehenden Belastungen, Einstellungen und Erwartungen in den Kollegien nachgerade geboten. Für die im Rahmen der Schulentwicklung oft geforderte »Selbsterneuerung« in den Kollegien bleibt gerade noch Raum genug, denn die praktische Erprobung und Implementation der skizzierten Trainings- und Innovationsmaßnahmen in der gesamten Schule ist selbstverständlich Aufgabe des jeweiligen Kollegiums bzw. seiner Entwicklungs- oder Steuergruppe. Keine Trainerin und kein Trainer kann dies übernehmen. Fazit also: Trainings-, Beratungs- und Materialservice sind nötig, aber sie entlassen die schulischen Akteure keinesfalls aus ihrer grundlegenden Verantwortung für den pädagogischen Schulentwicklungsprozess.

Methodenzentrierte Qualifizierungsmaßnahmen als Schulprogramm

Orientierungsveranstaltung zur Pädagogischen Schulentwicklung für das Gesamtkollegium
(Pädagogischer Tag/Pädagogische Konferenz)

↓

Entscheidung in der Lehrerkonferenz über die Teilnahme am PSE-Programms

↓

Falls mind. 2/3 Zustimmung: Rekrutierung der 3er-Teams

↓

Mehrstufiges Trainingsprogramm
mit wechselnden 3er-Teams verschiedener Schulen oder mit mehreren 3er-Teams nur einer Schule

↓

Einführungsseminar zum PSE-Ansatz für pädagogische Führungskräfte, Entwicklungsteams bzw. Steuergruppen (2,5 Tage)

↓

Trainingsseminar: »EVA im Fachunterricht« (2,5 Tage)

↓

Trainingsseminar: »Methodentraining mit Schülerinnen und Schülern« (2,5 Tage)

↓

Trainingsseminar: »Teamentwicklung im Klassenraum« (2,5 Tage)

↓

Trainingsseminar: »Kommunikationstraining mit Schülerinnen und Schülern« (2,5 Tage)

Abb. 3

1.5 Innovationszentrierte Teamentwicklung

Zu den Grundpfeilern Pädagogischer Schulentwicklung gehört eine konsequente Teamentwicklung innerhalb des Kollegiums. Diese Teamentwicklung wird durch verschiedene Maßnahmen begünstigt: erstens durch die Fortbildung in 3er-Teams, zweitens durch einschlägige Teamklausurtage an der Schule sowie drittens durch die systematische Trainingsarbeit im Unterricht, die in der Regel in 3er-Teams durchgeführt und verantwortet wird. Teamarbeit ist also integraler Bestandteil des schulinternen Qualifizierungs- und Innovationsprozesses. Welche Teams im Zuge der Pädagogischen Schulentwicklung in der Einzelschule gebildet und zu gemeinsamer Arbeit angeregt werden, ergibt sich aus dem jeweiligen Stand des Schulentwicklungprozesses.

Das Kollegium als Ganzes erfährt ein Stück Teamentwicklung, wenn es sich zu Beginn des Innovationsprojekts in einem Meinungsbildungs- und Entscheidungsprozess darauf verständigt, Pädagogische Schulentwicklung als wesentlichen Teil des Schulprogramms anzugehen und mitzutragen. Dieser Konsensbildungsprozess trägt in nicht zu unterschätzendem Maße dazu bei, die unterschiedlichen Positionen in einem Kollegium zusammenzuführen und auf diesem Wege das pädagogische »Wir-Gefühl« zu stärken.

Die Umsetzung dieses Teils des Schulprogramms ist alsdann Sache derjenigen, die zunächst unmittelbar betroffen sind: also jener in 3er-Teams agierenden Lehrkräfte, die die neuen Lehr-/Lernformen in der eigenen Schule bzw. in der eigenen Klasse systematisch kultivieren und trainieren wollen. Damit ist im Anfangsstadium des Innovationsprozesses in aller Regel nur ein Teil des Kollegiums unmittelbar involviert, der im Laufe des schulischen Entwicklungsprozesses erfahrungsgemäß jedoch größer wird.

Die Mitglieder der schulischen Steuergruppe, der auch die Schulleiterin bzw. der Schulleiter angehört, werden über das erwähnte Einführungsseminar mit der Gesamtkonzeption der Pädagogischen Schulentwicklung vertraut gemacht. Sie sind für den schulischen Entwicklungsprozess von besonderer Bedeutung. Die Steuergruppe bzw. das Entwicklungsteam hat den Gesamtprozess der pädagogischen Schulentwicklung zu koordinieren und zu steuern sowie den Informationsfluss vor allem zum Gesamtkollegium sicherzustellen. Weitere für inhaltliche und organisatorische Abläufe verantwortliche Personen müssen ebenso gewonnen und eingebunden werden. Hierzu zählen im besonderen Maße die Stundenplangestalter, ohne deren wohlwollende Unterstützung das Projekt »PSE« von vornherein in Frage gestellt ist. Aufgabe dieser Steuergruppe ist es, Strukturen und Verfahrensweisen zu finden und zu vereinbaren, die eine konsequente Durchführung des Trainingsprogramms sowie seine unterrichtliche Umsetzung und Reflexion gewährleisten. Das Lernen der Lehrerinnen und Lehrer als Basis für ein verbessertes Lernen der Schülerinnen und Schüler setzt voraus, dass entsprechende Lernzeit zur Verfügung steht und adäquate innerschulische Lernstrukturen aufgebaut werden oder sich entwickeln können. Diese Steuergruppe umfasst mithin die Personen, die sich um die Sicherstellung gedeihlicher Rahmenbedingungen für die Trainings- und Reformarbeit kümmern sowie die Planung, Umsetzung und Evaluation der betreffenden Prozesse koordinieren und steuern wollen. Diese Kooperation schweißt zusammen und kann zu einer stärkeren Synchronisation der pädagogischen Arbeit in der Einzelschule führen.

In den Schulen der Primarstufe sowie in kleinen Sonderschulen kann es sich als sinnvoll erweisen, sofort das gesamte Kollegium in die Trainingsseminare einzubeziehen. Bei entsprechend veränderter Organisation der Trainingsseminare hat sich auch diese Variante als machbar erwiesen (vgl. Abb. 10). Insbesondere für diese kleinen Kollegien ist zu berücksichtigen, dass eine modifizierte Teambildung, etwa in Form von Jahrgangsstufenteams, sowie eine Parallelisierung von Training und Anwendung im Unterricht den Anforderungen dieser Schulen besser entsprechen können.

Zu einem späteren Zeitpunkt des schulischen Entwicklungsprozesses werden sich neben den 3er-Teams weitere Arbeitsgruppen als notwendig und zweckmäßig erweisen, die mit unterschiedlicher Ausrichtung dazu beitragen, die Unterrichtsreform zu realisieren. Zu diesen Teams gehören die sogenannten *Klassen-, Jahrgangsstufen-* oder *Bildungsgangteams,* die u. a. für die fächerübergreifende Qualifizierungsarbeit einschließlich der damit verbundenen methodenzentrierten Elternarbeit zuständig sind. Hinzu kommen die auf die neuen Lernformen setzenden *Fachteams,* deren besondere Aufgabe darin besteht, einschlägige Materialien und Lernarrangements zur gezielten fachspezifischen Pflege der Sockelqualifikationen zu entwickeln und im eigenen Fachunterricht umzusetzen. Im Gegensatz zu formalen Bestimmungen über die Zusammensetzung von Klassen- oder Fachkonferenzen gehören diesen klassen- und bildungsgangbezogenen Arbeitsgruppen bzw. den fachlichen oder fachbereichsbezogenen Teams nur die betroffenen Lehrerinnen und Lehrer an, die entsprechende Trainings durchlaufen haben und/ oder aus eigenen Überlegungen mitarbeiten wollen.

Die Vorzüge dieser Teamarbeit liegen auf der Hand: Die Arbeitsökonomie nimmt zu und die in den Teams organisierten Lehrkräfte erfahren in ihren Gruppen jene Verstärkung und Inspiration, ohne die eine nachhaltige Veränderung und Verbesserung der Unterrichtsarbeit letztlich nicht zu bewerkstelligen ist. Diese konsequente Teamorientierung und Teamqualifizierung ist ein Markenzeichen der hier angestrebten Unterrichts- und Schulreform, zumal sie auf Freiwilligkeit basiert. Schließlich hat es kreative und engagierte Einzelkämpfer mit methodischem Weitblick schon immer gegeben, die sich in ihrem Unterricht um den Aufbau einer zeitgemäßen, schülerzentrierten Lehr-/Lernkultur bemüht haben. Nur haben diese in der Regel keine allzu große Wirkung erzielen können, weil sie mit ihrem individualistischen Vorgehen auf ziemlich verlorenem Posten standen. Diese Sisyphusarbeit gilt es zu vermeiden.

1.6 Flankierende schulorganisatorische Maßnahmen

Wie in Abschnitt 3 bereits angedeutet, zieht die teamorientierte Unterrichtsentwicklung beträchtliche Veränderungen in der gesamten Schule nach sich. Denn die Einführung und Umsetzung der neuen Lehr-/Lernkultur ist ohne flankierende Maßnahmen und Initiativen schulorganisatorischer und administrativer Art nun einmal nicht zu leisten. Das beginnt bei einer veränderten Lehrereinsatzplanung und reicht von einer Umgestaltung der schulischen Stoffverteilungspläne und didaktischen Jahresplanungen über modifizierte Stundenpläne, veränderte Klassenraumgestaltung und entsprechende Leistungsbeurteilung bis hin zur Neuorientierung der Konferenzarbeit, der Elternarbeit und der Lehrerkooperation.

Eine wichtige Voraussetzung für die Intensivierung des Methodentrainings und des eigenverantwortlichen Arbeitens und Lernens der Schülerinnen und Schüler ist in den Schulen der Sekundarstufen der verstärkte Einsatz einiger weniger Lehrkräfte je Klasse. Nach den bisherigen Erfahrungen ist es unbedingt ratsam, auf aufgeschlossene *3er-Teams* zu setzen, die mit wöchentlich *mindestens 15 Stunden* in der betreffenden Klasse eingesetzt sind, um die Schülerinnen und Schüler mit Blick auf die skizzierten Sockelqualifikationen prägend fordern und fördern zu können. Eine derartige konzertierte Arbeit ist selbstverständlich nur möglich, wenn die Schulleitung engagiert dahinter steht und wenn das Kollegium als Ganzes die besagte Umstrukturierung des Lehrereinsatzes mitträgt, auch wenn das unter Umständen unvorteilhafte Veränderungen für andere Lehrkräfte zur Folge hat (zusätzliche Springstunden und/oder Vertretungsstunden). Aus diesem Grund gehören Maßnahmen zur Weiterqualifizierung der Schulleitungsmitglieder im Bereich des Innovationsmanagements ins Gesamtkonzept der Pädagogischen Schulentwicklung.

Die trainierten Lehrerinnen und Lehrer übernehmen die Rolle von Lernern. Auf dem Weg zur Schule als lernender Organisation muss gerade das 3er-Team strukturell als Lernteam abgesichert werden. Hierzu gehören nicht nur die unmittelbare Zusammenarbeit in einer Klasse oder Jahrgangsstufe bzw. im Bildungsgang, sondern auch entsprechende Hospitationsmöglichkeiten. Die kooperierenden Lehrkräfte müssen voneinander lernen können, indem sie sich bei Bedarf und im Rahmen schulorganisatorischer Möglichkeiten gegenseitig hospitieren dürfen.

Auch die Anpassung der Stundenpläne sowie der schulinternen Stoffverteilungspläne bzw. didaktischen Jahresplanungen wird durch den Entwicklungsprozess angestoßen. Denn der »EVA-Unterricht« braucht häufiger *Doppelstunden* und größere Zeitblöcke, sollen die Schülerinnen und Schüler zu einem gedeihlichen produktiven Arbeiten und Lernen gelangen. Das gilt vor allem für methodisch versierte Klassen, die geübt sind, in eigener Regie Informationen zu beschaffen, zu verarbeiten, aufzubereiten, zu präsentieren und dabei auftretende Probleme gemeinsam zu lösen. Wenn im Unterricht verstärkt methoden-, kommunikations-, team- und handlungsorientiert gearbeitet und geübt wird, dann muss das zwangsläufig dazu führen, dass der Stoff phasenweise zurückgestellt und längerfristig umgeschichtet werden muss. Das aber setzt spezifische *Stoffverteilungspläne* bzw. *didaktische Jahresplanungen* voraus, die eine mehr oder weniger ausgeprägte Modifikation der Lehrplanvorgaben nach sich ziehen oder entsprechende Interpretationen erfordern.

Auch die Sockeltrainings in den Klassen erfordern zeitlich begrenzte Veränderungen der schulischen Stundenpläne und führen dazu, dass gelegentlich ganze Wochen und/ oder einzelne Unterrichtstage zur gezielten Methoden-, Kommunikations- und/oder Teamschulung genutzt werden. Derartige fächerübergreifende Schulungsmaßnahmen sind traditionell nicht vorgesehen und müssen daher sowohl kollegiumsintern als auch in der Arbeit mit Eltern plausibel gemacht und abgestimmt werden.

Damit diese und andere Innovationen auch möglichst nachdrücklich realisiert werden können, bedarf es *produktiver Konferenzen* mit Lehrkräften, Schulleitungsmitgliedern und Eltern. Dabei handelt es sich zum einen um die bereits erwähnten *Teamklausurtage* zur Vorbereitung praktikabler Trainingsmaterialien und -fahrpläne für die klassenbezogenen Wochentrainings und für entsprechende Elternabende. Unter Berücksichtigung von Lernzeit und Lernstruktur müssen die 3er-Teams Gelegenheit haben, sich zu einem solchen Teamklausurtag zurückziehen zu können. Zum zweiten bedarf es *methodenzentrierter Elternabende* mit dem Ziel, die interessierten Eltern anhand grundlegender Informationen und praktischer Übungen mit den neuen Lehr-/Lernmethoden vertraut zu machen und als Unterstützer zu gewinnen. Auch gezielte *Hospitationen* von interessierten Lehrkräften und Eltern in bereits geschulten Klassen können helfen, die Unterrichtsreform zu bereichern und weitere Mitstreiter zu aktivieren. Im weiteren Verlauf der Entwicklung werden alsbald *produktive* Konferenzen der Fachteams hinzukommen müssen, bei denen Materialien und Lernarrangements entwickelt werden.

Die skizzierte Unterrichtsreform strahlt aber nicht nur auf das organisatorische und personelle Umfeld des Unterrichts, sondern auch und zugleich auf den Klassenraum selbst aus. Das beginnt bei der Veränderung der Sitzordnung und reicht über die Einrichtung von Regalen, Sitzecken und Präsentationswänden bis hin zur Anschaffung von Nachschlagewerken und sonstigen Lern- und Arbeitsmitteln, die das eigenverantwortliche Arbeiten und Lernen der Schülerinnen und Schüler zu unterstützen vermögen. So gesehen kann die Implementierung neuer Lehr-/Lernformen zu einer bemerkenswerten Dynamik des Systems Schule führen. Wer wollte bestreiten, dass dies alles im besten Sinne des Wortes Schulentwicklung ist!?

1.7 Gezielte Öffentlichkeitsarbeit zum PSE-Ansatz

Der Erfolg Pädagogischer Schulentwicklung hängt aber nicht zuletzt davon ab, dass dieser Reformansatz nach *oben* und nach *außen* kommuniziert wird, damit die Schulaufsicht, die Elternschaft, die Schulträger, die Lehrerverbände, die Studienseminare sowie die Wirtschaftskammern und -unternehmen in der jeweiligen Region für dieses Innovationsvorhaben interessiert und gewonnen werden. Denn die Reformarbeit braucht eine möglichst breite Lobby, damit die Verantwortlichen in den Schulen mehr Mut haben, neue Wege zu gehen und nötigenfalls auch unkonventionelle Maßnahmen zu ergreifen, die die Unterrichtsreform erleichtern und wirksam nach vorne bringen können. Ohne diese Rückendeckung und Unterstützung gerät die Umsetzung des Reformprogramms leicht zur frustrierenden »Zusatz«-Arbeit.

Diese Einsicht und Erkenntnis hat in den beiden Modellregionen Herford und Leverkusen zu den aus Abbildung 4 ersichtlichen Informations- und Einführungsveranstaltungen geführt. Diese Liste kann durchaus erweitert werden, wenn es sich im Laufe des Entwicklungsprozesses als notwendig und sinnvoll erweist. Während die Einführungsveranstaltungen ein- oder mehrtägige Seminare sind, die eine intensive Präsentation, Reflexion und Konkretisierung des pädagogischen Qualifizierungs- und Innovationsprogramms zulassen, sind die Informationsveranstaltungen eher konventionelle Vortragsveranstaltungen von in der Regel zweistündiger Dauer. Ausgangs- und Kristallisationspunkt ist dabei in aller Regel ein einführender Vortrag zum Thema »Schulreform konkret – Neue Formen des Lehrens und Lernens als Schulprogramm«, der einen Überblick über das Konzept, die Ziele und die konkreten Maßnahmen der Pädagogischen Schulentwicklung gibt. Er informiert auch darüber, welche Chancen sich daraus für Schülerinnen und Schüler, Lehrkräfte, Eltern, Kommunen und regional ansässige Wirtschaftsbetriebe ergeben (vgl. dazu Abb. 2). Ferner wird das anvisierte Qualifizierungs- und Innovationsprogramm in groben Zügen umrissen und in einzelnen Punkten näher erläutert.

Die an die Adresse der pädagogischen Führungskräfte bzw. Steuergruppen gerichteten Einführungstagungen sind dagegen mindestens eintägig und höchstens zweieinhalbtägig angelegt und umfassen sowohl Vorträge und einschlägige Erfahrungsberichte als auch vertiefende Diskussionen und praktische Übungen zur Veranschaulichung des vorgesehenen Qualifizierungsprogramms. Ziel dieser Seminare ist es, die betreffenden Führungskräfte bzw. die Steuergruppenmitglieder möglichst nachhaltig zu sensibilisieren und bereit zu machen, den Innovationsprozess tatkräftig zu unterstützen und für die nötigen Rahmenbedingungen Sorge zu tragen.

Informations- und Einführungsveranstaltungen in den Regionen Herford und Leverkusen	
Kommunale Informationsveranstaltungen	**Einführungstagungen für pädagogische Führungskräfte**
■ für interessierte Eltern, Schülerinnen und Schüler sowie Lehrkräfte der Region ■ für Vertreterinnen und Vertreter der Kommunalverwaltung und -politik ■ für Vertreterinnen und Vertreter der Betriebe und der Kammern ■ für Vertreterinnen und Vertreter der regionalen Schulsozial- und Jugendarbeit	■ für verantwortliche Vertreterinnen und Vertreter der Schulaufsicht aller Ebenen ■ für Leiterinnen und Leiter bzw. Steuergruppen interessierter Schulen ■ für Leiterinnen und Leiter bzw. Steuergruppen betroffener Studienseminare ■ für Vertreterinnen und Vertreter der Lehrerverbände des Bundeslandes
	Abb. 4

1.8 Netzwerkbildung und Netzwerkpflege in der Region

Zum skizzierten Innovationsmanagement gehört perspektivisch auch die Vernetzung der unterschiedlichen pädagogischen Arbeitsgruppen, die auf schulischer, örtlicher oder auch auf regionaler Ebene mit Pädagogischer Schulentwicklung befasst sind. Der Vorteil dieser Netzwerkbildung liegt auf der Hand: Die in unterschiedlichen Arbeitszusammenhängen agierenden Teams und Einzelpersonen können sich auf diese Weise wechselseitig befragen, unterstützen und anregen, wie auftretende Probleme gelöst werden können und welche Maßnahmen und Strategien sich in der Praxis bewährt haben. Selbstverständlich können sie auch Unterrichtsmaterialien und sonstige Unterlagen austauschen und/oder in gemeinsamen Workshops erarbeiten. Das alles bringt nicht nur erhebliche Synergieeffekte, sondern trägt auch dazu bei, dass nicht jede Schule und jede sonstige pädagogische Einrichtung auf sich allein gestellt versuchen muss, in mühevoller und zeitintensiver Kleinarbeit gangbare Schulentwicklungsstrategien und praktikable Problemlösungen zu finden, was angesichts der begrenzten Belastbarkeit und Ausdauer vieler Lehrkräfte erfahrungsgemäß zu unnötigen Frustrationen führt.

Konstruktive Kooperation über die Grenzen der einzelnen pädagogischen Einrichtung hinaus, Erfahrungs-, Meinungs- und Materialaustausch der an der Implementation des PSE-Konzepts arbeitenden Akteure helfen in der Praxis erwiesenermaßen weiter und bescheren der Pädagogischen Schulentwicklung ein Mehr an Kreativität und Verbindlichkeit. Und genau das ist nötig, soll die allenthalben angemahnte Effizienz der Schulentwicklung gewährleistet und die Gefahr vermieden werden, in der einen oder anderen Sackgasse zu landen oder vor auftretenden Schwierigkeiten zu kapitulieren.

Nehmen wir z. B. die Teambildung und Teamentwicklung zur Umsetzung des methodenzentrierten Trainingsprogramms:

Wenn tatsächlich 3er-Teams mit wöchentlich 15 oder mehr Stunden in ausgewählten Klassen eingesetzt werden sollen, dann ist das eine nicht zu unterschätzende Herausforderung für die Schulleitung bzw. den/die Stundenplangestalter, und zwar vor allem in größeren Schulsystemen wie Gymnasien, Gesamtschulen oder Berufskollegs. Weitere organisatorische Herausforderungen sind die Freistellung der Lehrkräfte für die Teamklausurtage, die Durchführung von ggfs. ganztägigen Fachkonferenzen sowie die fächerübergreifende Organisation der methodenzentrierten Trainingswochen und -tage mit Schülerinnen und Schülern. Die strukturelle Absicherung des 3er-Teams als Lernteam muss Hospitationen ermöglichen. Das alles macht Vertretungsunterricht nötig und wirft so manche konventionelle Denk- und Vorgehensweise der Stundenplangestalter über den Haufen. Wenn daraus nicht Unsicherheit, Resignation und/oder Abwehr resultieren sollen, dann bedarf es ganz dringlich möglichst praxisnaher Beratungsangebote und -gelegenheiten für die Stundenplangestalter und/oder die Schulleitungen. Raum dazu wird einmal im Rahmen der schulinternen Fortbildungsveranstaltungen gegeben, die von erfahrenen Trainerinnen und Trainern betreut und mit einschlägigem Know-how bestückt werden. Hinzu kommen zweitens die wünschenswerten schulübergreifenden Kooperationsveranstaltungen, die Gelegenheit geben könnten, die Erfahrungen anderer Schulen und Innovationsgruppen zu nutzen, die eventuell schon weiter sind und auf manche Fragen und Probleme bereits überzeugende Antworten gefunden haben.

Diese für eine Entwicklung regionaler Bildungslandschaften wünschenswerte Netzwerkbildung und -pflege kann sehr wohl auch überregional oder gar länderübergreifend organisiert werden, damit das innovationsspezifische Erfahrungsspektrum der Lehrkräfte größer und ihre Bereitschaft zur konsequenten Unterrichtsreform zusätzlich gefördert werden kann. So ist z. B. denkbar, Lehrerteams, Fortbildner und/oder Schulaufsichtsbeamte aus Städten wie München, Nürnberg, Wien, Herford bzw. Leverkusen themen- und zielgruppenspezifisch an einem *runden* Tisch zusammenzubringen, um die vorliegenden Strategien und Erfahrungen in Sachen Pädagogische Schulentwicklung zu diskutieren.

Allerdings wird diese länderübergreifende Kooperation schon aus zeitlichen und finanziellen Gründen nur sehr begrenzt möglich und wirksam sein. Die regionale bzw. innerstädtische Kooperation ist dagegen sehr viel leichter und letztlich auch effektiver zu realisieren. Vorgesehen ist daher im Rahmen des Projektes »Schule & Co.« die regional zugeschnittene Erarbeitung, Erprobung und Veröffentlichung fachspezifischer Trainingsmaterialien zur Methodenschulung und -pflege.

1.9 Trainerausbildung und konsequente Schulbegleitung

Die Trainerinnen und Trainer sind im wahrsten Sinne des Wortes »Serviceleute« für die am Schulentwicklungsprogramm interessierten Schulen. Sie unterbreiten im Auftrag der Lehrerfortbildungseinrichtungen Trainings-, Beratungs- und Moderationsangebote und begleiten die Schulen als Experten. Da diese Innovationsexperten keine »Allround-Moderatoren« für offene, kollegiumsinterne Schulentwicklungsprozesse sind, sondern die Aufgabe haben, ganz spezifische unterrichtszentrierte Innovationsprozesse anzuregen und bei der Operationalisierung zu helfen, werden sie hier nicht Moderatoren, sondern *Trainerinnen und Trainer* genannt. Eine solche begriffliche Differenzierung ist wichtig, weil sich aus der Trainerfunktion eine Ausbildung ergibt, die vorrangig auf das instrumentell-strategische Know-how zur Implementierung der neuen Lehr-/Lernformen abstellt. Diese Akzentsetzung läßt sich aus dem in Abbildung 5 umrissenen Ausbildungsprogramm ersehen.

Bei der Auswahl der für die Ausbildung in Frage kommenden Lehrerinnen und Lehrer muss darauf geachtet werden, dass es sich um pädagogisch ambitionierte Lehrkräfte handelt. Sie sollten bereits ein hohes Interesse an veränderten Lehr- und Lernformen im Unterricht entwickelt und dabei eigene Erfahrungen gemacht haben. Auch ein gewisses Maß an moderativer Kompetenz wäre förderlich. Die Lehrkräfte sollten in der Unterrichtsentwicklung den wichtigsten Schritt zur Schulentwicklung sehen und wissen, dass es ihre Aufgabe sein wird, Serviceleistungen für die interessierten Schulen zu erbringen. Ihnen muss von vornherein deutlich sein, dass Schulentwicklung vor allem über Unterrichtsentwicklung in Gang gesetzt werden kann. Die Auswahl kann nur auf der Basis der Freiwilligkeit und in enger Abstimmung zwischen den schulfachlichen Aufsichtsbeamten und den zuständigen Fortbildungsexperten erfolgen. Dabei ist unbedingt zu berücksichtigen, dass die auszuwählenden Lehrerinnen und Lehrer hinreichend Gelegenheit haben, die in den Trainingsseminaren erworbenen Kenntnisse und Fertigkeiten im eigenen Unterricht anzuwenden und fachlich angemessen umzusetzen.

Im Zentrum der Trainerausbildung stehen die vier der Basisqualifizierung dienenden Trainingsseminare: »EVA im Fachunterricht«, »Methodentraining mit Schülerinnen und Schülern«, »Teamentwicklung im Klassenraum« sowie »Kommunikationstraining mit Schülerinnen und Schülern«. Im Rahmen dieser Trainingsseminare werden den angehenden Trainerinnen und Trainern zahlreiche Trainingsspiralen vorgestellt und anhand praktischer Übungen konkretisiert, die sich in der schulinternen Qualifizierungsarbeit bewährt haben. Durch dieses *learning by doing* erhalten die angehenden Trainerinnen und Trainer Gelegenheit, das Methodenrepertoire zumindest in Teilen ganz praktisch selbst zu erleben und seine Umsetzungschancen und -probleme zu reflektieren. Gleichzeitig arbeiten und lernen sie völlig synchron zu dem, was sich in der schulinternen Fortbildung wie in der unterrichtlichen Trainingsarbeit bewährt hat. So erwerben sie ganz unmittelbar das Rüstzeug, das sie in der eigenen Arbeit als Schüler- und Lehrertrainer benötigen. Da die einzelnen Trainingsseminare zudem von ihrem methodischen Zuschnitt her ähnlich aufgebaut sind und einschlägig erprobte Trainingsmaterialien zur Verfügung gestellt werden, erwerben die angehenden Trainerinnen und Trainer relativ schnell tragfähige Routinen und Umsetzungskompetenzen.

Ergänzt und abgerundet werden die Trainingstagungen durch vier weitere Basisseminare (vgl. Abb. 5), in denen das Hauptaugenmerk darauf gerichtet ist, den übergreifenden PSE-Ansatz zu klären und die damit verbundene Trainerrolle eingehender zu reflektieren und zu konkretisieren. Letzteres schließt sowohl das Einüben themenzentrierter Visualisierungs- und Präsentationstechniken als auch die Problematisierung und Optimierung geplanter oder auch bereits durchgeführter Fortbildungstagungen ein. Dabei bleibt grundsätzlich offen, ob und inwieweit nach Abschluss der Kernausbildung noch weitere Veranstaltungen nötig sind. Das hängt letztlich davon ab, welchen Bedarf die Trainerinnen und Trainer signalisieren bzw. welche Anforderungen sich aus der Schulbegleitung in der Region ergeben.

Während die angehenden Trainerinnen und Trainer die notwendigen Kenntnisse und Fertigkeiten im Gesamtkontext der Pädagogischen Schulentwicklung in den Trainingsseminaren erwerben, ist der zweite Teil ihrer Ausbildung, nämlich die eigene unterrichtliche Anwendung und Umsetzung, zeitlich parallel anzusetzen. Die in Ausbildung befindlichen Lehrkräfte müssen das Erlernte in ihre unmittelbare Alltagsarbeit einfließen lassen, die notwendige fachliche Adaption leisten und erste Erfahrungen mit der Wirksamkeit der veränderten Lehr- und Lernformen machen. Dabei stehen sie vor der Schwierigkeit, mindestens zwei interessierte und motivierte Kolleginnen und Kollegen an ihrer Schule zu finden, mit denen sie ein 3er-Team bilden können, das in einer Klasse mindestens 15 Stunden unterrichtet und dabei die neuen Lehr- und Lernformen systematisch kultivieren und trainieren will. Den angehenden Trainerinnen und Trainern fällt hierbei die schwere Aufgabe zu, die beiden interessierten Lehrkräfte bei der gemeinsamen Planung und Vorbereitung des Unterrichts gleichsam anzulernen und mitzuziehen, ohne über eine hinreichende eigene Unterrichtserfahrung zu verfügen. Es ist leicht vorstellbar, dass die angehenden Trainerinnen und Trainer in dieser zur Ausbildung gehörenden Erprobungsphase die Unterstützung und Rückendeckung der Schulleitung benötigen.

Die eigenverantwortliche Fortbildungsarbeit der in der Regel in Tandems auftretenden Trainerinnen und Trainer besteht in einer differenzierten *Begleitung* der an Pädagogischer Schulentwicklung interessierten Schulen. Dabei gehört zum jeweiligen Trainerduo zumindest ein Experte, der zur gleichen Schulform gehört wie die zu betreuende Einzelschule. Auf diese Weise wird die nötige Praxis- und Umsetzungskompetenz sichergestellt, die ein Trainergespann unbedingt mitbringen muss, will es im betreffenden Kollegium akzeptiert und als beratungskompetent angenommen werden. Sinnvoll ist auch, dass eine Trainerin oder ein Trainer des Tandems einer anderen Schulform in der Nachbarschaft angehört, um die Möglichkeit zu schaffen, über den schulformbezogenen Tellerrand hinaus zu schauen.

Die Trainertandems sind zunächst für die Durchführung des pädagogischen Tages bzw. der pädagogischen Konferenz verantwortlich, bei der das Gesamtkonzept der Pädagogischen Schulentwicklung vorgestellt und erläutert wird. Erst wenn die Schule mit mindestens Zweidrittel-Mehrheit einen entsprechenden Beschluss gefasst hat, organisieren sie die vom Kollegium gewünschten Trainingsveranstaltungen. Sie moderieren die Übungen, begründen und erläutern das zugrundeliegende »Neue Haus des Lernens« (vgl. Abb. 1) und bringen Materialien und Erfahrungen ein. In besonderen Fällen stehen sie als Referenten für Elternabende und sonstige schulinterne Informationsveranstaltungen zum Programm der Pädagogischen Schulentwicklung zur Verfügung. Im weiteren Verlauf des schulischen Entwicklungsprozesses kann es auch notwendig sein, einzelne schulische Teams bei ihrer Umsetzungsarbeit zu beraten und zu unterstützen.

Selbstverständlich ist dieses Arbeitsprogramm nur dann zu bewältigen, wenn die Trainerinnen und Trainer dafür eine angemessene Unterrichtsbefreiung erhalten. Nach den bisherigen Erfahrungen ist es unbedingt ratsam, die Unterrichtsbefreiung so zu organisieren, dass die aktiven Trainerinnen und Trainer wöchentlich einen unterrichtsfreien, mindestens aber unterrichtsarmen Tag haben, den sie für die Trainings-, Vortrags-, Beratungs- und Moderationsarbeit an ihren Einsatzschulen nutzen können. Andernfalls wird es immer wieder Probleme geben, wenn sie zu Lasten des eigenen Unterrichts und des eigenen Stammkollegiums fremde Schulen betreuen. Diese Unterrichtsbefreiung wird derzeit im Rahmen des Projektes »Schule & Co.« analog zum sogenannten Moderatorenerlass des Düsseldorfer Ministeriums z. B. so geregelt, dass jede Trainerin und jeder Trainer einen *Vorschuss* an Befreiungsstunden erhält, der nach Abschluss des Schuljahres mit ihrem tatsächlichen Einsatz *spitz* abgerechnet wird, d. h., wer mit seinen Einsätzen über dem angenommenen Soll liegt, erhält im nächsten Schuljahr eine höhere Befreiung, wer darunter liegt, muss eine entsprechende Kürzung seiner Freistellungsstunden in Kauf nehmen.

Dabei besteht Übereinstimmung darin, dass die maximale Stundenermäßigung für die besonders nachgefragten Trainerinnen und Trainer in der Regel eine halbe Stelle nicht übersteigen sollte, damit ihre unterrichtspraktische Kompetenz erhalten bleibt. Diese unbürokratische Vorgehensweise sollte Schule machen!

Im Zuge der Entwicklung regionaler Bildungslandschaften, wie im Projekt »Schule & Co.« angestrebt, kommt es wesentlich darauf an, eine Gruppe von Trainerinnen und Trainern aus der Region zusammenzustellen, die nicht nur alle Schulformen repräsentieren, sondern auch Anwendungsexperten in möglichst vielen Unterrichtsfächern oder zumindest Fachbereichen sind. Der so entstehende regionale Trainerpool stellt den Kern eines Unterstützungssystems dar, das auf eine möglichst optimale Entwicklung aller Schulen einer Region zielt und zugleich das regionale Schulsystem stärken soll. Die Gruppe der Trainerinnen und Trainer muss auch als Team regelmäßig betreut und unterstützt werden, indem ihnen die Möglichkeit zum Erfahrungsaustausch gegeben, die notwendigen Arbeits- und Moderationsmaterialien zur Verfügung gestellt und weiteres Know-how, etwa im Bereich der Unterrichtsevaluation, vermittelt wird. Dabei ist es empfehlenswert, den Einsatz der Trainerinnen und Trainer an den interessierten Schulen gemeinsam zu planen und regional autonom zu steuern. Hilfreich dabei ist vor allem eine vertrauensvolle Zusammenarbeit zwischen den zuständigen Fortbildungsverantwortlichen und den Schulaufsichtsbeamten. In Abhängigkeit vom Entwicklungsprozess können andere Berater, Begleiter und Moderatoren zu gegebener Zeit jeweils kurzfristig eingesetzt werden.

Trainerausbildung

Maßnahmen zur Qualifizierung versierter Trainerinnen und Trainer im Rahmen der Pädagogischen Schulentwicklung

Modul 1
Basisseminar:
Konzept der »Pädagogischen Schulentwicklung«

Modul 2
Trainingsseminar:
»Eigenverantwortliches Arbeiten und Lernen im Fachunterricht«

Modul 3
Basisseminar:
Rolle der Trainerinnen und Trainer im Schulentwicklungsprozess

Modul 4
Trainingsseminar:
»Methodentraining mit Schülerinnen und Schülern«

Modul 5
Basisseminar:
Visualisierungs- und Präsentationsmethodik

Modul 6
Trainingsseminar:
»Teamentwicklung im Klassenraum«

Modul 7
Trainingsseminar:
»Kommunikationstraining mit Schülerinnen und Schülern«

Modul 8
Check-up-Seminar:
Erfahrungsaustausch und Reflexion nach den ersten Einsätzen

 Abb. 5

2 Innovationsmanagement in der Einzelschule

Pädagogische Schulentwicklung muss geplant werden und mit einem offensiven Innovationsmanagement einhergehen. Den Schulen wird ein differenziertes Maßnahmepaket angeboten, bei dessen Realisierung sie von qualifizierten Trainerinnen und Trainern unterstützt werden (vgl. den nachfolgenden Abschnitt 2.1). Wie das pädagogische Innovationsmanagement in der Einzelschule konkret aussehen kann, wird im folgenden Überblick erläutert.

2.1 Profilierter Innovationsservice als Angebot

Grundlage der Unterrichts- und Schulentwicklung ist die Ausbildung versierter Trainerinnen und Trainer, die der Einzelschule bei Bedarf mit Rat und Tat zur Seite stehen. Im Rahmen des gemeinsamen Projektes der Bertelsmann Stiftung und des nordrhein-westfälischen Schulministeriums »Schule & Co.« läuft derzeitig das Ausbildungsprogramm für diese Innovationsexperten. So werden allein für die Regionen Herford und Leverkusen 32 Trainerinnen und Trainer ausgebildet, auf die die insgesamt 52 regional ansässigen Projektschulen sowie etwa 100 weitere Schulen zurückgreifen können. Zwar ist diese Versorgung einer Region außergewöhnlich gut, aber sie zeigt an, dass die Einleitung bzw. Intensivierung der Pädagogischen Schulentwicklung unbedingt mit der Ausbildung eines größeren Trainerpools einhergehen muss.

Die Trainerinnen und Trainer bieten den interessierten Schulen ihrer Region das Servicepaket an und unterstützen sie im Rahmen der getroffenen Absprachen auf ihrem Weg der Pädagogischen Schulentwicklung. Abbildung 6 zeigt das gängige Maßnahmenbündel, das vom jeweils eingesetzten bzw. nachgefragten Trainerduo an der Einzelschule abzudekken und mit Rat und Tat zu unterstützen ist. Das beginnt bei der Vorbereitung und Moderation des einführenden pädagogischen Tages für das Gesamtkollegium und reicht über die Qualifizierung der 3er-Teams und eine eventuelle, korrespondierende Unterstützung bei schulischen Elternabenden und bei der Öffentlichkeitsarbeit bis hin zu vielfältigen Beratungsleistungen im Hinblick auf Teambildung und Teameinsatz, Planungsarbeit im 3er-Team, Teamklausurtage und produktive Konferenzen der Fachteams, Ressourcenbeschaffung und kollegiumsinterne Hospitationen, Klassenraumgestaltung und Sitzordnung etc. Diese Serviceleistungen werden nur dann wirksam, wenn die jeweilige Einzelschule sie im Rahmen ihrer Gesamtentwicklung nachfragt. So bedarf es zur Umsetzung der skizzierten Unterrichtsentwicklung nicht nur profilierter Serviceangebote der Trainerinnen und Trainer, sondern auch und zugleich ausgeprägter Kooperationsbeziehun-

Innovationsmaßnahmen und -schritte in der Einzelschule

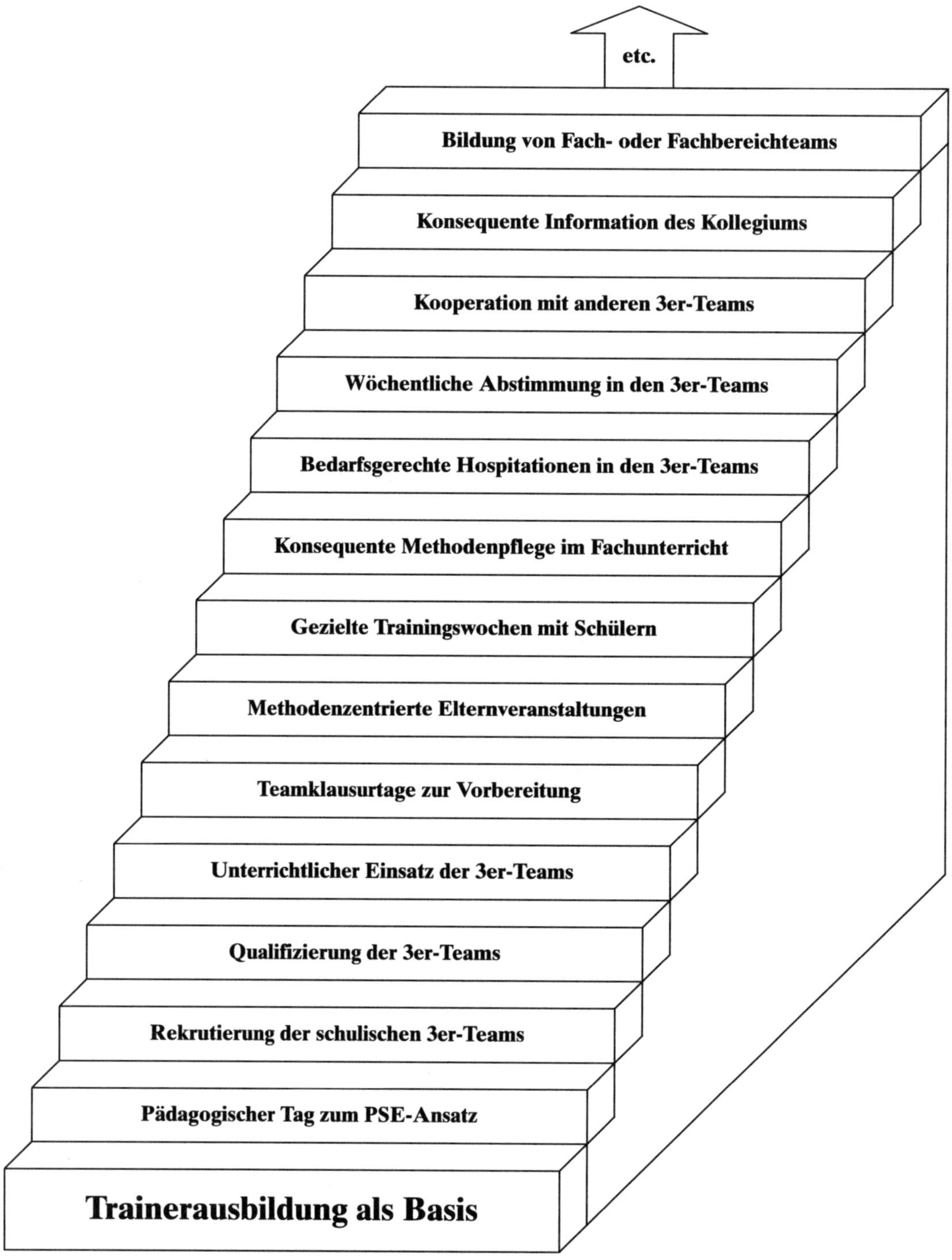

Abb. 6

gen zwischen dem jeweils zuständigen Trainerduo und den innerschulischen Akteuren, die die neue Lehr- und Lernkultur aufbauen wollen.

Der Einsatz dieser Trainerduos wird üblicherweise über die regional zuständige Schulaufsicht in Verbindung mit den Fortbildungsverantwortlichen organisiert. Interessierte Schulen erhalten im Rahmen einer regionalen Koordination die Namen und Schulanschriften des in Frage kommenden Trainerduos und setzen sich mit diesem zwecks näherer Information und Absprache in Verbindung. Diese unbürokratische Kontaktaufnahme hat sich in der Praxis bewährt. Da der Erstkontakt mit dem Trainertandem in der Regel von der Schulleitung bzw. der Entwicklungs- oder Steuergruppe ausgeht, muss vor Abschluss näherer Vereinbarungen ein pädagogischer Tag zum PSE-Ansatz durchgeführt werden, damit das Gesamtkollegium in den angelaufenen Meinungsbildungsprozess eingebunden wird und die notwendigen schulischen Entscheidungen getroffen werden können.

Stimmt die Lehrerkonferenz dann dem vorgestellten Innovationsprogramm zu und trägt auch die Schulkonferenz, d. h. die Vertreterinnen und Vertreter der Eltern und der Schülerschaft, diese Entscheidung mit, so kann die Schulleitung den Antrag auf Teilnahme an den Qualifizierungsmaßnahmen und auf weitere Unterstützungsleistungen durch die Trainerinnen und Trainer bei der zuständigen »regionalen Einsatzzentrale« stellen. Im Rahmen des Projektes »Schule & Co.« sind dies die regionalen Steuergruppen in Herford und Leverkusen, die den Trainereinsatz in enger Absprache mit den zuständigen Stellen koordinieren und steuern. Auch hinsichtlich der Trainertandems können Wünsche bzw. Vorschläge geäußert werden, denen im Rahmen des Möglichen auch Rechnung getragen wird. Die regionale Einsatzzentrale prüft alsdann in enger Abstimmung mit den in Frage kommenden Trainerinnen und Trainern, welches Tandem die anfragende Schule betreuen kann und macht dieser einen entsprechenden Personalvorschlag. Sind die Verantwortlichen dieser Schule mit dem Vorschlag einverstanden, beginnt die Beratung und Abstimmung des Trainings- und Innovationsprogramms zwischen den unmittelbar Betroffenen.

2.2 Die schulische Steuergruppe als »Schaltzentrale«

Ein großes Problem vieler innovationsbereiter Schulen ist, dass viel zu unverbindlich, punktuell und planlos gearbeitet wird. Das gilt nicht nur für die zahlreichen Einzelkämpfer in unseren Schulen, sondern auch und nicht zuletzt für viele Gruppen und Grüppchen in den Kollegien:

- Da werden weder konkrete Schritte vereinbart noch verbindliche Termine festgelegt.
- Da werden getroffene Absprachen nicht eingehalten und erforderliche Vorbereitungsarbeiten vernachlässigt.
- Da stimmt der Informationsfluss nicht, und die interne (Selbst-)Kontrolle ist ungenügend.
- Da sind viele vage Vorsätze da, aber niemand übernimmt so recht die Verantwortung.

Wenn diese Kultur der Unverbindlichkeit überwunden werden soll, bedarf es unbedingt einiger »Spezialisten«, die sowohl für klare Vereinbarungen als auch für präzise Zeit- und Arbeitspläne, für zügigen Informationsfluss wie für ergiebige Konferenzen, für geschickte Öffentlichkeitsarbeit wie für innovationsfördernde Rahmenbedingungen Sorge tragen.

Muss dieses unterrichtsübergreifende Projektmanagement auch noch von den für die praktische Unterrichts- und Trainingsarbeit in den Klassen zuständigen Lehrerteams geleistet werden, dann führt dieses beinahe zwangsläufig zu gravierenden Überforderungs- und Frustrationseffekten. Viele Vorsätze und Absprachen gleiten dann ins Unverbindliche ab. Soll das verhindert werden, muss in der jeweiligen Einzelschule ein spezifisches PSE-Projektteam gebildet werden, das die übergreifende Projektsteuerung und Maßnahmenkoordination übernimmt. Dieses Team wird im Rahmen des Projektes »Schule & Co.« *Steuergruppe* genannt.

Mitglieder dieser Steuergruppe sollten die Führungskräfte, insbesondere die Schulleiterin bzw. der Schulleiter sein. Eine Einbindung der Stundenplangestalter, die idealerweise hinter dem Projekt Pädagogische Schulentwicklung stehen und dessen Realisierung ebenso engagiert wie ideenreich vorantreiben sollten, ist anzustreben. Mit anderen Worten: Die *Ermöglicher* und *Ermutiger* (vgl. Abb. 8) müssen dieser Steuergruppe angehören. »Inoffizielle Führungskräfte«, die sich im Zuge des anstehenden Innovationsprozesses in besonderer Weise um übergreifende Fragen der Termin-, Konferenz- und Aktionsplanung kümmern und den eigentlichen »Machern« in den Klassen den Rücken für das Kerngeschäft der Implementation der neuen Lehr- und Lernformen freihalten, gehören ebenfalls zu dieser Gruppe der *Ermöglicher* und *Ermutiger.* Diese Art der Arbeitsteilung hat sich in der Praxis eindeutig bewährt.

Diese Steuergruppe, die manchmal auch als Entwicklungsteam bezeichnet wird, ist also nicht deckungsgleich mit der von Hans-Günter Rolff eingeführten »Steuergruppe«, die gleichsam als repräsentatives Abbild der in einem Kollegium vertretenen Strömungen und Interessengruppen verstanden wird (vgl. Rolff 1998, S. 72 ff.). Die hier in Rede stehende Steuergruppe ist ziemlich homogen zusammengesetzt, und zwar insofern, als die Teammitglieder ausnahmslos die angestrebte Innovation wollen und bereit sind, vorrangig Verantwortung zu übernehmen und für eine ebenso zügige wie verbindliche Innovationsarbeit nach Rücksprache und im Auftrag des Kollegiums zu sorgen. Dass sie darüber hinaus im Alltagsgeschäft in der Regel auch noch in dem einen oder anderen Klassen- und/oder Fachteam mitarbeiten und bei der Umsetzung der neuen Lehr- und Lernmethoden helfen, versteht sich fast schon von selbst.

2.3 Einführender pädagogischer Tag zum PSE-Ansatz

Wie aus dem Treppenmodell in Abbildung 6 ersichtlich, setzt der kollegiumsinterne Meinungsbildungs- und Reformprozess in der Regel mit einem einführenden pädagogischen Tag zum PSE-Ansatz ein. Ziel ist es, das Gesamtkollegium über das Konzept der Pädagogischen Schulentwicklung zu informieren und durch praxisbezogene Reflexionen und Übungen für die anvisierte Innovationsstrategie zu motivieren. Wie das Tagesprogramm üblicherweise aussieht, zeigt die Programmübersicht in Abbildung 8. Als Moderatoren und Referenten kommen neben dem externen Trainerduo auch geschulte Mitglieder der schulinternen Steuergruppe in Frage. Ablauf und Gestaltung des pädagogischen Tages obliegt in jedem Fall der schulischen Steuergruppe nach Absprache mit dem Trainertandem.

Der pädagogische Tag selbst beginnt mit einem einführenden Vortrag zum PSE-Konzept. In diesem Vortrag wird möglichst anschaulich und praxisbezogen begründet, warum neue Formen des Lehrens und Lernens in unseren Schulen angezeigt sind und welche

Schulleitung und Schulentwicklung

Zur Rolle der Schulleitung
im pädagogischen Innovationsprozess

Schulische Innovationsprozesse gelingen in der Regel nur dort, wo sie von der Schulleitung und vom Stundenplangestalter engagiert mitgetragen und durch intelligente Problemlösungen unterstützt werden. Daher ist es wichtig, dass diese Führungskräfte ...

❐ das jeweilige Innovationsfeld möglichst gut kennen,

❐ von der Innovationsaufgabe überzeugt sind,

❐ diese Überzeugung nach außen deutlich signalisieren,

❐ erfahrene Mitstreiterinnen und Mitstreiter (Steuergruppe, 3er-Teams, Fachteams) gewinnen,

❐ Konferenzen initiieren und/oder unterstützen,

❐ auf eine produktive Gestaltung dieser Konferenzen achten,

❐ gegenüber dem Kollegium klare Erwartungen formulieren,

❐ innovationsbereite Lehrkräfte ermutigen und unterstützen,

❐ die erforderlichen Ressourcen beschaffen (helfen),

❐ auf verbindliche Absprachen/Vereinbarungen achten,

❐ Folgekonferenzen und Evaluationsprozesse sicherstellen,

❐ Lob und Anerkennung – sofern berechtigt – aussprechen,

❐ insgesamt zielstrebige, ermutigende Moderatoren sind.

 Abb. 7

Chancen sie für Schülerinnen und Schüler wie für Lehrerinnen und Lehrer mit sich bringen. Dabei wird u. a. das in Abbildung 1 umrissene »Neue Haus des Lernens« mit den vier methodischen Innovationssegmenten »EVA«, »Methodentraining«, »Teamentwicklung« und »Kommunikationstraining« entfaltet und näher erläutert. Des weiteren werden die grundlegenden Ziele der Pädagogischen Schulentwicklung expliziert (vgl. Abb. 2).

An dieses Grundsatzreferat schließt sich üblicherweise eine etwa zweistündige Sequenz an, in deren Verlauf die Lehrkräfte Gelegenheit erhalten, einige anregende methodische Arrangements kennenzulernen, die die neuen Lehr- und Lernformen exemplarisch zeigen, sowie gezielt zu diskutieren und zu reflektieren, wie das alltägliche Unterrichtsgeschehen erlebt wird und welche pädagogischen Innovationen im Kollegium bereits versucht wurden und werden. Dabei kommen Methoden wie Punktabfrage, Doppelkreis, Dissonanzmethode und assoziatives Zeichnen zum Einsatz. Diese »Schnuppersequenz« soll sowohl die kollegiumsinterne Kommunikation und Kooperation anstoßen als auch dazu beitragen, dass die inhaltliche Auseinandersetzung mit den aktuellen Problemen und Chancen der alltäglichen Unterrichtsarbeit gezielt vorangetrieben wird. Am Nachmittag sind alsdann zwei weitere größere Sequenzen vorgesehen, die der konkreten Umsetzung des PSE-Programms an der Einzelschule gewidmet sind. Dieser Umsetzungsprozess wird zunächst mittels eines Impulsreferats beschrieben und anhand bewährter Schritte und Maßnahmen aus dem Schulalltag konkretisiert. Dabei wird auf die in Kapitel 1 und 2 dargelegten Erfahrungen, Schaubilder und Maßnahmenpakete zurückgegriffen, die beim Aufbau verschiedener *Modellschulen* in Rheinland-Pfalz und in der Stadt München, aber auch in den Regionen Herford und Leverkusen eine Rolle gespielt haben. Dieses Know-how kann interessierten Kollegien als hilfreiche Orientierung und praktische Ermutigung dienen.

An das Impulsreferat schließt sich eine etwa einstündige Gruppenarbeitsphase an, in der Gelegenheit besteht, unter dem Motto »Was ich am vorgestellten Ansatz interessant und einleuchtend finde ...« persönliche Einschätzungen zusammenzutragen und zum PSE-Konzept konkrete Fragen zu stellen, die noch offen geblieben sind. Dann folgt eine gezielte Auswertung der Gruppenbilanzen sowie eine gezielte Aussprache anhand der vorgetragenen Fragen. Abgeschlossen wird der pädagogische Tag mit einigen Überlegungen und Anregungen zur möglichen Weiterarbeit im Kollegium. Ein Beschluss in Sachen »PSE als Schulprogramm« muss an dieser Stelle noch nicht gefasst werden, sondern steht üblicherweise erst in der nächsten Lehrerkonferenz an.

2.4 Systematische Fortbildung der schulischen 3er-Teams

Beschließt das Kollegium mit Zweidrittelmehrheit die Implementation des pädagogischen Innovationsprogramms, so kann nach Rekrutierung von mehreren 3er-Teams für die in Frage kommenden Lehrerinnen und Lehrer ein systematisches und intensives Fortbildungsprogramm in Sachen »EVA«, »Methodentraining«, »Teamentwicklung« und »Kommunikationstraining« starten. Zuvor jedoch werden die Mitglieder der Steuergruppen (oder Entwicklungsteams) dieser Schulen mit dem Gesamtkonzept der Pädagogischen Schulentwicklung sowie mit verschiedenen Schnuppersequenzen zum einen oder anderen Innovationssegment vertraut gemacht, so dass sie den schulischen Entwicklungsprozess im Sinne eines Projektmanagements verständnisvoll koordinieren und steu-

Einführungstagung

Pädagogische Schulentwicklung

– Neue Formen des Lehrens und Lernens als Schulprogramm –

8.30 – 12.00 Uhr

- Begrüßung / Erläuterung des Tagungsprogramms / Einführendes Impulsreferat zum Thema: »Neue Formen des Lehrens und Lernens als Schulprogramm – eine Perspektive für Schülerinnen und Schüler wie für Lehrerinnen und Lehrer«

- Bestandsaufnahme: Diskussionen und Reflexionen zum alltäglichen Unterrichtsgeschehen (Punktabfrage, Thesendiskussion, Plakatproduktion und -präsentation)

——— **Mittagessen** ———

13.00 – 17.00 Uhr

- Impulsreferat: »Die Umsetzung des Trainingsprogramms im Schulalltag« (praktische Anregungen, Beispiele und Erfahrungen ➡ eventuell mit Filmdokumentation)

- Bilanz und Aussprache: Einschätzungen und Anfragen zum vorgestellten Ansatz (zunächst Gruppenarbeit, dann Aussprache im Plenum)

- Ausblick auf die Weiterarbeit an der eigenen Schule (Vorstellung eines möglichen Aktionsfahrplans)

 Abb. 8

ern können. Im Anfangsstadium des einzelschulischen PSE-Prozesses ist in der Regel neben den Mitgliedern der Steuergruppe nur eine begrenzte Anzahl von Lehrerinnen und Lehrern betroffen, die sich in den 3er-Teams zusammenfinden und sich auf einen unterrichtlichen Einsatz mit zusammen mindestens 15 Wochenstunden in einer Klasse, Jahrgangsstufe oder in einem Bildungsgang vorbereiten. Erst zu einem späteren Entwicklungszeitpunkt werden Fach- oder Fachbereichsteams hinzukommen. Auch wenn vor allem in den Schulen der Sekundarstufen I und II lediglich anfangs vielleicht nur 30 bis 50 Prozent des Gesamtkollegiums aktiv und unmittelbar an der Reformarbeit beteiligt sind, so wird doch ein Entwicklungsprozess der gesamten Schule gestartet bzw. intensiviert. Alle Mitglieder des Kollegiums sind mehr oder weniger direkt betroffen: Durch die Bildung von 3er-Teams ändert sich in aller Regel die Lehrereinsatzplanung und Vertretungsstunden fallen an. Viele Lehrerinnen und Lehrer unterrichten in den sogenannten *Modellklassen* in 3er-Teams und werden die Umgestaltung des Stundenplans – und sei es auch nur für die Wochentrainings – spüren. Die in der Lehrerkonferenz angestrebte Zweidrittelmehrheit macht von daher absolut Sinn!

Für die kleinen Schulen insbesondere der Primarstufe ist die Bildung von Jahrgangsstufenteams empfehlenswert. Darüber hinaus zeigt die schulische Realität, dass es gerade in diesen kleineren Organisationseinheiten sinnvoll ist, dass nicht nur ein Teilkollegium, sondern das Gesamtkollegium an den Trainingsmaßnahmen teilnimmt und somit die gesamte Schule direkt und unmittelbar den pädagogischen Schulentwicklungsprozess startet bzw. intensiviert.

Speziell an die Mitglieder der Steuergruppen richtet sich ein Einführungsseminar zum PSE-Ansatz, in dem es u. a. um die differenzierte Klärung der Zeit- und Arbeitspläne geht. Der eigentliche Schwerpunkt der Fortbildungsarbeit liegt jedoch auf den erwähnten Sockeltrainings der 3er-Teams, die sich im Kern auf vier Tagungen von je zweieinhalbtägiger Dauer erstrecken, in denen die aus Abbildung 9 ersichtlichen Trainingsschwerpunkte behandelt werden. Angeboten, moderiert und mit vielfältigen Impulsen versehen werden diese Qualifizierungsmaßnahmen von den Trainertandems. Dass das während des normalen Schulbetriebs nicht leicht ist und sowohl mehr oder weniger deutlich werdende Akzeptanzprobleme als auch Probleme des gelegentlichen Unterrichtsausfalls aufwirft, soll hier nicht verschwiegen werden.

Adressaten der vier ausgewiesenen Trainingsseminare sind zuallererst die Mitglieder der 3er-Teams, also jene Lehrkräfte, die in ausgewählten Klassen eine konzertierte Schulung der Sockelqualifikationen in Angriff nehmen möchten. Diesen Teams wird Gelegenheit gegeben, sich in Sachen »EVA«, »Methodentraining«, »Teamentwicklung« und »Kommunikationstraining« nicht nur zu informieren, sondern im Wege des learning by doing auch eine ganze Reihe konkreter Lern- und Trainingsarrangements kennenzulernen, die sich im Unterricht bewährt haben. Auf diese Weise kommen sie in den Besitz einschlägigen Know-hows sowie praxiserprobter Materialien und Trainingsspiralen. Durch diesen Service und das korrespondierende learning by doing wird die praktische Umsetzung der anstehenden Trainingsprogramme in den eigenen Unterricht hinein erheblich erleichtert.

Wie die Fortbildung der genannten 3er-Teams an den Sekundarschulen organisiert werden kann, geht aus Abbildung 9 hervor. Nach dem Kerngruppenmodell durchläuft die Gruppe aller 3er-Teams einer Schule als geschlossener Kreis von 18 bis 24 Lehrkräften alle vier Trainingsseminare und sammelt intensiv gemeinsame Erfahrungen. Nach dem *Teilgruppenmodell* machen jeweils zwei bis drei 3er-Teams einer Schule gemeinsam

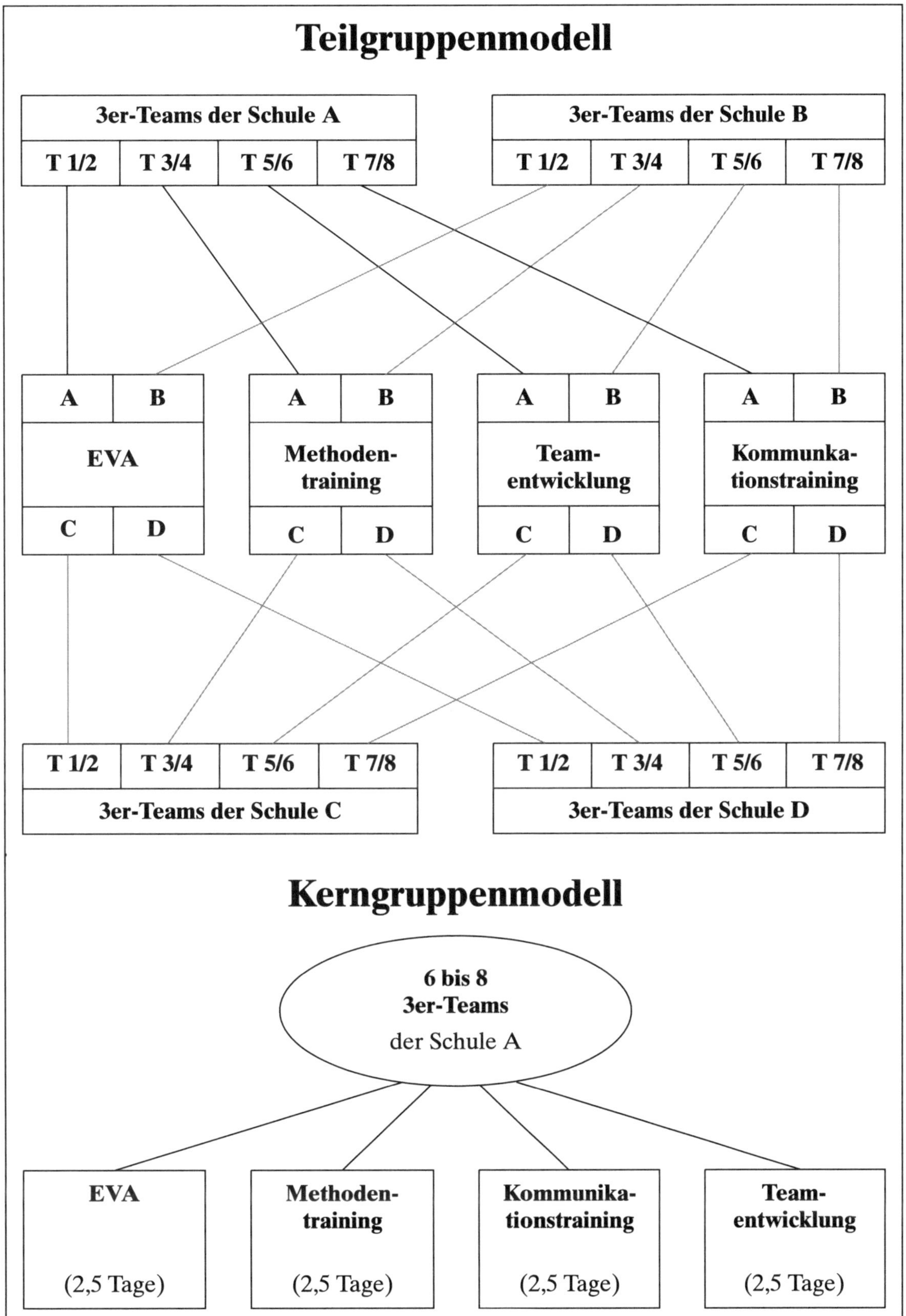
Teilgruppenmodell
3er-Teams der Schule A
T 1/2
T 3/4
T 5/6
T 7/8
3er-Teams der Schule B
T 1/2
T 3/4
T 5/6
T 7/8
A
B
EVA
C
D
A
B
Methoden-training
C
D
A
B
Team-entwicklung
C
D
A
B
Kommunika-tionstraining
C
D
T 1/2
T 3/4
T 5/6
T 7/8
3er-Teams der Schule C
T 1/2
T 3/4
T 5/6
T 7/8
3er-Teams der Schule D
Kerngruppenmodell
6 bis 8 3er-Teams der Schule A
EVA (2,5 Tage)
Methoden-training (2,5 Tage)
Kommunika-tionstraining (2,5 Tage)
Team-entwicklung (2,5 Tage)

Abb. 9

Beispielseminar:
Methodentraining für Grundschulen

Zeitlicher Rahmen der Fortbildungswoche

Montag	Dienstag	Mittwoch	Donnerstag	Freitag
Fort-bildung mindestens 8 Stunden	Unterricht mindestens 4 Stunden	Unterricht mindestens 2 Stunden	Unterricht mindestens 2 Stunden	Unterricht mindestens 3 Stunden
	Fort-bildung mindestens 5 Stunden	Fort-bildung mindestens 4 Stunden	Fort-bildung mindestens 4 Stunden	Fort-bildung mindestens 4 Stunden

aber: a) Betreuung der Schülerinnen und Schüler muss sichergestellt werden.
⇨ insbesondere bei »verlässlichen Schulen«
b) Anpassung an schulische Bedingungen ist notwendig.

Abb. 10

mit entsprechenden 3er-Teams anderer Schulen jeweils nur ein bestimmtes Trainingsseminar mit und sind ansonsten auf den Know-how-Transfer der anderen 3er-Teams ihrer Schule angewiesen, die ein anderes Trainingsseminar mitgemacht haben. Da die vier Trainingsseminare von ihrem methodisch-pädagogischen Zuschnitt her ähnlich sind, ist ein solcher Transfer leistbar. Ob sich das *Teilgruppenmodell*, das im Rahmen des Projektes »Schule & Co.« zunächst erprobt wird, als erfolgreich herausstellt, bleibt abzuwarten. Eventuell werden noch andere Modelle und Mischformen entwickelt werden müssen.

Für die Kollegien der kleineren Schulen kommt fast ausnahmslos das *Kerngruppenmodell* in Frage, wobei das gesamte Kollegium von nicht mehr als 25 Lehrkräften an den Trainingsseminaren teilnimmt. Um der schulformabhängigen besonderen Verpflichtung zur vollständigen Unterrichtsversorgung (verlässliche Grundschule!) angemessen zu entsprechen, sind veränderte Organisationsmodelle für diese Schulen notwendig, die den auch hierbei unumgänglichen Unterrichtsausfall minimieren. Ein solches Organisationsmodell, das derzeit von Risters und Cwik in Neuss erprobt wird, ist in Abbildung 10 dargestellt. Zudem ergibt sich aus den Besonderheiten dieser Schulform eine noch höhere Verpflichtung, die Eltern entsprechend zu motivieren und in den Schulentwicklungsprozess einzubinden. Sie können hier in besonderem Maße zu den Ermöglichern und Ermutigern gehören.

Der Vorteil des *Kerngruppenmodells* besteht im Wesentlichen darin, dass die betroffenen 3er-Teams insgesamt vier mal 2,5 Tage zusammenarbeiten und auf diese Weise recht intensiv fortgebildet und »zusammengeschweißt« werden. Andererseits hat dieses Modell den gravierenden Nachteil, dass massiv Vertretungsunterricht nötig wird und/oder Unterrichtsstunden ausfallen und dass eine relativ starke Bindung finanzieller und personeller Ressourcen durch nur ein Kollegium stattfindet.

Anders das *Teilgruppenmodell:* Sein Vorteil ist, dass die angesprochene Fortbildungsarbeit mit einem relativ geringen Finanz- und Vertretungsaufwand zu bewerkstelligen ist und vergleichsweise wenig Fortbildungskapazität bindet, da pro Trainingsseminar nicht nur eine Schule Berücksichtigung findet, sondern gleich mehrere Schulen mit jeweils zwei oder drei 3er-Teams »bedient« werden können. So ist das Teilgruppenmodell zweifellos ökonomischer und praktikabler, wenn auch in aller Regel weniger intensiv und nachhaltig als die Kerngruppenfortbildung.

Der zeitliche Abstand zwischen den einzelnen Trainingsseminaren beträgt üblicherweise ein halbes Jahr, beginnend etwa mit »EVA im Fachunterricht«; dann folgen »Methodentraining mit Schülerinnen und Schülern«, »Teamentwicklung im Klassenraum« und schließlich »Kommunikationstraining im Unterricht«. Die Reihenfolge der Seminare ist nicht zwingend, sondern ergibt sich aus den regionalen Gegebenheiten sowie den Wünschen der Schulen und der Trainerinnen und Trainer. So kann sehr wohl mit dem »Methodentraining« begonnen und »EVA« als Abschlussseminar eventuell sogar für alle 3er-Teams einer Schule angeboten werden.

Zwischen den vier Seminaren haben die betreffenden Lehrkräfte mit ihren 3er-Teams die Aufgabe, das jeweilige Methoden- bzw. Trainingsrepertoire in ihren »Modellklassen« zu erproben und in möglichst regelmäßigen Treffen schulintern zu reflektieren und auf die spezifischen Schülergruppen und Fächer zuzuschneiden. Für das *Teilgruppenmodell* gilt darüber hinaus die bereits angesprochene Besonderheit, dass die jeweils begünstigte Kleingruppe das erworbene Repertoire nicht nur im eigenen Unterricht umsetzen, sondern dieses auch möglichst konsequent und handlungsorientiert an die Mitglieder der drei anderen Kleingruppen weitergeben muss, damit sich diese in den unterrichtlichen Erprobungs- und Umsetzungsprozess einbringen können. Eine große Bedeutung kommt in diesem Zusammenhang den schulischen Steuergruppen zu, die hier eine für den Entwicklungsprozess wichtige Koordinierungs- und Unterstützungsfunktion übernehmen und den Erfahrungsaustausch und Know-how-Transfer organisieren und sicherstellen müssen. Für die Transferarbeit sind spezifische schulinterne Klausurtage mit gezielten Übungs-, Reflexions-, Planungs- und Produktionsphasen vorzusehen. Hier sind Schulleitung, Eltern und Gesamtkollegium als Unterstützungsinstanzen gefragt.

2.5 Teamklausurtage und produktive Konferenzen der Fachteams

Wohlwollende Unterstützung ist auch im Blick auf die nach und nach zu organisierenden schulinternen Teamsitzungen nötig, die der Vorbereitung und Produktion von Lern- und Trainingsmaterialien für den Unterricht dienen. Der Zeitrahmen dieser produktiven Teamsitzungen ist sehr unterschiedlich. Produktiv können diese Sitzungen jedoch wohl kaum innerhalb des bisher üblichen Rahmens von 1–2 Stunden sein. Die Vorbereitungssitzungen der 3er-Teams und später auch der Klassenteams werden *Teamklausurtage* genannt, wenn sie sich auf die Konzipierung der Trainingswochen für die Schülerinnen und Schüler beziehen und der Materialerstellung hierfür dienen. Darüber hinaus werden im Rahmen dieser Teamklausurtage die methodenzentrierten Elternabende entsprechend vorbereitet. Die Teamklausurtage dauern in der Startphase üblicherweise anderthalb bis zwei Tage, damit die 3er-Teams sich fit fühlen für die anstehenden Trainingsmaßnahmen in ihren *Modellklassen*. Hierbei hat sich als überaus hilfreich und motivierend erwiesen, wenn, wie dies im Projekt »Schule & Co.« geschehen ist, die 3er-Teams die Gelegenheit erhalten, sich für einen ganzen Tag vom Schulgeschehen zurückzuziehen, um die Vorarbeiten leisten zu können. An dieser Stelle kommt es auf die Schulleitungen und die Schulaufsicht an, die die Teams in unterrichtsarmer Zeit und nach den Möglichkeiten der Schule freistellen können.

Die produktiven Konferenzen der Fach- bzw. Fachbereichsteams sind im Normalfall auf einen halben oder ganzen Tag angelegt und dienen dazu, im Rahmen vorgegebener Inhalts- und Stoffbereiche neue Lernarrangements zur gezielten Methodenpflege im Fachunterricht zu entwickeln und entsprechende Materialien zu erarbeiten. Durch diese »Sonderveranstaltungen« erfährt die Konferenzarbeit ganz erhebliche Veränderungen, stehen doch für die üblichen Konferenzen an unseren Schulen bestenfalls zwei bis drei Stunden am Nachmittag zur Verfügung. Nach einem oft kraftraubenden Unterrichtseinsatz am Vormittag sind sie deshalb in aller Regel auch wenig produktiv und wenig hilfreich. Das schlechte Image, das die schulischen Konferenzen in Lehrerkreisen haben, rührt nicht zuletzt aus dieser unproduktiven Arbeitsweise. Mit aufgaben- und themenzentrierten Teamklausurtagen und produktiven Konferenzen kann diesem Imageverlust konstruktiv entgegengewirkt werden.

Die Teamklausurtage finden üblicherweise gegen Ende eines Schuljahres statt und dienen dazu, die für das neue Schuljahr geplanten Trainingswochen in einzelnen Klassen möglichst detailliert vorzubereiten (vgl. dazu auch Abschnitt 2.6), Unterrichtsmaterialien zu entwickeln sowie konkret abzustimmen, wie die Aufgaben während dieser Woche auf die jeweiligen Teammitglieder verteilt sind. Hinzu kommt als weitere Vorbereitungsarbeit die Planung eines methodenzentrierten Elternabends für den Beginn des neuen

Schuljahres mit dem Ziel, den interessierten Eltern möglichst konkrete Einblicke in das Lern- und Trainingsprogramm zu vermitteln und sie anhand ausgewählter praktischer Übungen und Erfahrungsberichte zu sensibilisieren und zu aktivieren. Mit derartigen handlungs- und praxisorientierten Elternabenden sind bislang ausgesprochen gute Erfahrungen gesammelt worden.

Damit die Teamklausurtage den Unterrichtsbetrieb nicht über Gebühr beeinträchtigen, wird die Teilnahme der 3er-Teams so geregelt, dass im Normalfall nicht mehr als zwei Teams zur gleichen Zeit ihre unterrichtliche Auszeit nehmen, um die Vorbereitungsarbeiten zu leisten. Dann fehlen in größeren Schulen mehrfach sechs Lehrkräfte für einen Tag. Das ist gegen Ende des Schuljahres, wenn die Abschlussklassen bereits entlassen sind, oder in der letzten Schulwoche durchaus zu verkraften. Auf jeden Fall muss eine derartige Investition möglich sein, soll in unseren Schulen ein Mehr an Innovationsbereitschaft und produktiver Kooperation erreicht werden. Denn dass Teamarbeit im Schulalltag verstärkt nötig ist, darüber sind sich im Grunde genommen alle einig. Aber ohne entsprechende *Lernmöglichkeiten* auch und nicht zuletzt während der Unterrichtszeit wird sich diese Zielsetzung nur schwer einlösen lassen.

Gleiches gilt für die *produktiven Konferenzen* der Fachteams: Wenn es für die Fachlehrerinnen und Fachlehrer reizvoll und praktikabel werden soll, neue Lehr- und Lernmethoden in die eigene Unterrichtsarbeit einzuführen und innovative Unterrichtsvorbereitung zu betreiben, dann bedarf es dazu neuer Lernmöglichkeiten, die inspirieren, Mut machen und möglichst intensiv Gelegenheit geben, geeignete Unterrichtsmaterialien und -arrangements kennenzulernen bzw. mit Gleichgesinnten gemeinsam zu entwickeln. Im Rahmen der bisher üblichen ein- bis zweistündigen Fachkonferenzen nach Unterrichtsschluss ist diese kreativ-produktive Arbeit nicht zu leisten. Denn dieser Zeittakt führt beinahe zwangsläufig zu relativ unergiebigen Konferenzverläufen mit mehr oder weniger vagen formalen Absprachen, die viele Lehrkräfte erfahrungsgemäß unzufrieden stimmen. Daher muss die Arbeitsmethodik modifiziert, aufgaben- und themenzentriert gearbeitet und der unproduktive Zeitrahmen geändert werden, um ergiebigere Gärungs- und Klärungsprozesse zu gewährleisten.

Die produktiven Konferenzen sind ein wichtiger und erfolgversprechender Schritt in diese Richtung. Teilnehmer sind die Lehrkräfte, die sich auf die konsequente Umsetzung und Pflege der neuen Lehr- und Lernmethoden im eigenen Unterricht verpflichtet haben und entsprechend trainiert wurden sowie die interessierten Fachkolleginnen und -kollegen, die auf diesem Wege mehr Know-how erwerben und sich in die gemeinsame pädagogische Arbeit stärker einbringen wollen. Auf diese Weise werden die aufgeschlossenen Lehrkräfte belohnt und für die Skeptiker zugleich gewisse Anreize geschaffen, sich vielleicht doch mit der angestrebten Qualifizierungsarbeit anzufreunden, bei der gemeinsamen Methodenklärung und Unterrichtsvorbereitung mitzumachen und sich eventuell für die Mitarbeit in einem neu zu schaffenden 3er-Team zu interessieren, um dann an einem Trainingsseminar teilzunehmen.

In den produktiven Fachkonferenz werden zu bestimmten Themen des Lehrplans Materialien vorgelegt, Lernarrangements durchgespielt und möglichst viele anregende Lehr- und Lernhilfen entwickelt, die geeignet sind, zum jeweiligen Lehrplanthema das eigenverantwortliche Arbeiten der Schülerinnen und Schüler zu fördern und eine verstärkte Methoden-, Kommunikations- und Teampflege sicherzustellen. In Schulen, in denen sich nur wenige Fachlehrerinnen und Fachlehrer zur Kultivierung neuer Lehr- und Lernmethoden bereitfinden, ist es unter Umständen ratsam, auf fachübergreifende pro-

Das Trainingsprogramm im Überblick

Gezielte Trainingswochen

5. Klasse	■ Methodentraining mit Schülerinnen und Schülern Schwerpunkt: Elementare Lern- und Arbeitstechniken einüben (1. Halbjahr) ■ Teamentwicklung im Klassenraum Schwerpunkt: Konstruktive Gruppenarbeit anbahnen und systematisch trainieren (2. Halbjahr)
7. Klasse	■ Kommunikationstraining mit Schülerinnen und Schülern Schwerpunkt: Überzeugend argumentieren, vortragen und miteinander reden lernen (1. Halbjahr)
9. Klasse	■ Auffrischungskurs zum Trainingsfeld »Kommunikationstraining/Teamentwicklung« Schwerpunkt: Berufswahlspezifische Kommunikations- und Kooperationssituationen durchspielen und reflektieren
11. Klasse	■ Wissenschaftspropädeutisches Arbeiten Schwerpunkt: Bibliotheksarbeit, Zitierweise, Referatgestaltung, Visualisierungs- und Präsentationstechniken
13. Klasse	■ Mündliche (Abitur-)Prüfungen Schwerpunkt: Videounterstützte Simulationen und Reflexionen

Konsequente Methodenpflege

■ Gelegentliche »Projekttage« zur Behebung spezifischer Defizite	■ Verstärkte Methodenpflege im ganz normalen Fachunterricht
■ Regelmäßige Methodenpflege z. B. an einem bestimmten Wochentag	■ Methodenzentrierte Tests und Klassenarbeiten

Abb. 11

duktive Konferenzen umzuschalten und die methodisch interessierten und ambitionierten Lehrkräfte aus mehreren verwandten Fächern zu einem übergreifenden Fachteam zusammenzuführen und themen- und methodenzentriert arbeiten zu lassen. Auf diese Weise wird die Anregungsvielfalt vergrößert und überhaupt erst die Möglichkeit geschaffen, methodische Arrangements praktisch durchzuspielen und so das learning by doing der Lehrkräfte in Gang zu bringen.

2.6 Konsequente Trainingsarbeit auf Klassenebene

Die Hauptverantwortung für das Training der angesprochenen Basisqualifikationen auf Klassenebene tragen die 3er-Teams. Drei kooperationswillige Lehrkräfte, die sich ergänzende Fächer unterrichten, finden sich zusammen und schlagen der Schulleitung bzw. der Steuergruppe einen konzertierten Einsatz in einer Jahrgangsstufe, Klasse oder in einem Bildungsgang vor und melden sich zu einem Trainingsseminar an. Eine Meldung des 3er-Teams seitens der Schule impliziert, dass die Schulleitung das Vorhaben wohlwollend geprüft und entsprechende Lehrereinsatzpläne für das kommende Schulhalbjahr bzw. Schuljahr realisiert hat oder realisieren will.

Damit das Stundensoll von mindestens 15 Wochenstunden zusammenkommt, müssen die Lehrkräfte eines 3er-Teams einige Hauptfächer abdecken und darüber hinaus auch noch möglichst viele Nebenfächer einbringen. Im Grund- und Hauptschulbereich ist das in aller Regel kein Problem, da die einzelnen Lehrkräfte zumeist mehrere Fächer in ihren Klassen abdecken. Für die Grundschule empfiehlt sich die Bildung von Jahrgangsstufenteams, da die dort tätigen Lehrkräfte fast exklusiv in ihren Klassen unterrichten und es deshalb eher schwierig ist, überhaupt ein arbeitsfähiges Team auf Klassenebene zu organisieren.

Der Vorteil der 3er-Teams ist ein doppelter: Sie sind überschaubar und gewährleisten eine flexible, anregende und effektive Zusammenarbeit; sie bilden erfahrungsgemäß ein stabiles Stütz- und Kontrollsystem für die einzelnen Mitglieder, das die nötige Verbindlichkeit der pädagogisch-methodischen Reformarbeit sichert. Eine schlechte Phase eines der drei Teammitglieder kann ohne weiteres durch die beiden anderen Akteure aufgefangen werden. Ja mehr noch: Die beiden auf Kurs bleibenden Akteure haben als kleine Koalition gute Chancen, die getroffenen Vereinbarungen wachzuhalten und mit dem nötigen Nachdruck anzumahnen sowie das Team als Ganzes arbeitsfähig zu halten. Bei Einzelkämpfern oder 2er-Teams bestehen diese Möglichkeiten nicht. Bei mehr als drei Teammitgliedern schließlich wird es schwierig, die einzelnen Akteure flexibel zusammenzubringen und ihre Arbeit wirksam zu synchronisieren.

Welche Aufgaben diese klassenbezogenen 3er-Teams haben, geht aus Abbildung 11 hervor: Sie sind zum einen für die Organisation der Trainingswochen mit Schülerinnen und Schülern zuständig, zum anderen für die anschließende fachspezifische und fächerübergreifende Methoden-, Kommunikations- und Teampflege (vgl. dazu auch die entsprechenden Aufsätze in Kapitel 3). So gesehen sind die Mitglieder der einzelnen 3er-Teams die eigentlichen Schlüsselpersonen auf Klassenebene, die den Schülerinnen und Schülern den nötigen methodischen Grundstock vermitteln und dessen konsequente Weiterentwicklung gewährleisten. Dabei werden sie nach und nach selbstverständlich auch von den übrigen Lehrkräften in der jeweiligen Klasse unterstützt, die sich einarbeiten, Trainingsseminare besuchen und die Methodenschulung im Unterricht mittragen wollen.

Möglicher Fahrplan für die 3er-Teams

Gewinnung von Mitstreitern und Konstituierung der 3er-Teams
(bis Ende Mai)

↓

Teamklausurtage zur Vorbereitung der ersten Trainingswoche sowie des korrespondierenden Elternabends
(Juni/Juli)

↓

Durchführung des entsprechenden Elternabends
(Anfang des neuen Schuljahres)

↓

Durchführung der ersten Trainingswoche zum »Methodentraining«
(kurz vor oder nach den Herbstferien)

↓

Konsequente Methodenpflege im alltäglichen Fachunterricht
(nach Abschluß der Trainingswoche)

↓

Gezielte Konferenzen zur Information des Gesamtkollegiums sowie zur Erarbeitung einschlägiger Materialien
(nach Vereinbarung)

↓

Teamklausurtage zur Vorbereitung der zweiten Trainingswoche
(Ende Januar)

↓

Durchführung des entsprechenden Elternabends
(Anfang Februar)

↓

Durchführung der zweiten Trainingswoche zur »Teamentwicklung«
(Februar/März)

↓

Hospitationen interessierter Lehrkräfte in der/den »Pilotklassen«
(sobald sich das jeweilige 3er-Team traut)

↓

Regelmäßige Teambesprechungen zur Abstimmung der methodenzentrierten Aktivitäten
(gemeinsame Freistunde/Springstunde)

↓

etc.

↓

 Abb. 12

Trainingswochen, methodenzentrierte Projekttage und Elternabende, regelmäßige Methodenpflege im Fachunterricht, methodenzentrierte Tests und Klassenarbeiten, gelegentliches Teamteaching, gezielte Hospitationen – das sind einige der Instrumente und Aufgaben, die die Arbeit der 3er-Teams kennzeichnen (vgl. die Abbildungen 11 und 12). Unterstützt und erleichtert wird diese Arbeit durch die Teamklausurtage. Wie diese unterschiedlichen Aktivitäten der 3er-Teams im Schulalltag angeordnet sein können, zeigt der Arbeitsfahrplan in Abbildung 12. Obwohl er nicht vollständig ist, deutet er doch an, welches die wichtigsten Zeit- und Arbeitsvorhaben sind, die von den 3er-Teams bei der Umsetzung der klassenbezogenen Schulung der Sockelqualifikationen beachtet werden müssen.

2.7 Gezielte Eltern- und Öffentlichkeitsarbeit

Wenn die konzertierte Trainingsarbeit gelingen und die erforderlichen Rahmenbedingungen sichergestellt werden sollen, dann bedarf es dazu nicht nur aufgeschlossener Schulleiterinnen und Schulleiter, Stundenplangestalter und Kollegien, sondern auch und nicht zuletzt wohlwollend eingestellter Eltern und Elternvertreter. Da sich deren Wohlwollen in aller Regel nicht von selbst einstellt, sondern viele Eltern doch noch sehr konventionelle Vorstellungen von Lernen und ordentlichem Unterricht haben, muss die Elternarbeit intensiviert werden, damit ein Mehr an Einsicht und Unterstützungsbereitschaft auf Elternseite entsteht. Das ist auf dem Wege der bloßen Elterninformation mittels Rundschreiben und/oder Elternbrief selbstverständlich nur sehr begrenzt zu leisten, da die meisten Eltern die eingehenden Informationsschreiben vielleicht noch lesen, in vielen Fällen aber nicht wirklich verstehen und nachvollziehen können, was die jeweilige Schule mit der Einführung der neuen Lern- und Trainingsformen meint und erreichen will. Daher kann es zu Missverständnissen und Vorbehalten kommen, die den innerschulischen Innovationsprozess unter Umständen erheblich beeinträchtigen können.

Dieser Gefahr ist am besten dadurch zu begegnen, dass spezifische methodenzentrierte Abendveranstaltungen für interessierte Eltern angeboten werden, in deren Rahmen nicht nur informiert, gefragt und diskutiert, sondern zudem richtungsweisende Lehr- und Lernarrangements vorgestellt und exemplarisch durchgespielt werden. Steht etwa die Intensivwoche zum Methodentraining an, so kann mit den betreffenden Eltern z. B. das Thema »Klassenarbeiten vorbereiten« in methodisch anregender Weise behandelt werden. Oder geht es z. B. um das Thema »Teamentwicklung im Klassenraum«, dann kann zu dessen Begründung und Veranschaulichung u. a. ein betriebliches Vorstellungsgespräch simuliert und kommentiert werden. Dadurch können sich die Eltern vergleichsweise intensiv mit der jeweiligen Materie beschäftigen, Fragen aufwerfen und miteinander ins Gespräch kommen. Das wiederum gibt den verantwortlichen Lehrkräften Gelegenheit, adressatengerecht zu informieren und auf Fragen gezielte Antworten zu geben.

Interessierte Eltern können auch durch Hospitationen in der einen oder anderen *Modellklasse* nachhaltig für die Unterrichtsreform sensibilisiert werden. Da nur wenige Eltern dieses Angebot während der Woche nutzen können, kann z. B. an einem »Tag der offenen Tür« am Samstag den Eltern Gelegenheit gegeben werden, in ausgewählten Klassen und Jahrgangsstufen fach- und themenzentrierte Methoden-, Kommunikations- und/oder Teamschulungsmaßnahmen zu beobachten und mit den verantwortlichen Lehrkräften zu reflektieren. Dieses Hospitationsangebot kann auch auf Interessenten aus dem eigenen Kollegium wie aus dem kommunalen Umfeld ausgeweitet werden.

Eine Schule, die die Unterstützung für eine gedeihliche Innovationsarbeit sicherstellen möchte, tut gut daran, auch die zuständige Schulaufsicht frühzeitig einzubinden und konsequent zu informieren. Dies gilt im besonderen Maße, wenn in einer Region mehrere oder gar alle Schulen sich aufmachen, den Weg der Pädagogischen Schulentwicklung zu gehen. Zur Entwicklung regionaler Bildungslandschaften im Rahmen des Projektes »Schule & Co.« gehört deshalb neben rechtzeitiger und offener Information auch die Beratung mit der Schulaufsicht, die zielgerichtete Kooperation mit den Jugendeinrichtungen, die Information und Einbindung der örtlichen Wirtschaftsbetriebe sowie eine sinnvolle Zusammenarbeit mit anderen Bildungsinstitutionen in der Region. Da dies jedoch in den meisten Fällen die Möglichkeiten einer einzelnen Schule übersteigt, sind regionale Steuergremien gefordert, die sich für eine Stärkung der Schulen nachhaltig einsetzen.

2.8 Maßnahmen zur Integration des »Restkollegiums«

Zum Innovationsmanagement gehört auch und vor allem die ebenso sensible wie konsequente Information und Einbindung des Gesamtkollegiums in den laufenden Innovationsprozess. Spaltungstendenzen und lähmende Verdächtigungen und Kontroversen resultieren oft aus dem Umstand, dass sich ein Teil des Kollegiums an den Rand gedrängt und/oder pädagogisch zurückgesetzt fühlt. Die vorwurfsvolle Bemerkung einer Lehrerin zum Beispiel »Aber wie stehe ich denn da, wenn es 3er-Teams mit lauter Superpädagogen gibt und ich nicht mitmache!?« macht die in den Kollegien schwelenden Ängste deutlich. Wenn diesen Spaltungsgefahren wirksam begegnet werden soll, dann müssen immer wieder Brücken gebaut und Angebote unterbreitet werden, die den Skeptikern innerhalb des jeweiligen Kollegiums Gelegenheit geben, sich kundig zu machen und in das laufende Innovationsgeschehen unter Umständen auch selbst mit einzusteigen. Mit anderen Worten: Die Tür muss offen bleiben und die projektbezogene Kommunikation und Kooperation möglichst regelmäßig und möglichst praxisnah gepflegt werden. Das gilt keineswegs nur für die Anfangsphase des PSE-Prozesses, sondern auch und zugleich für die anschließende Qualifizierungs- und Implementationsphase. Einige der »Brückenbaumaßnahmen«, die sich in der zurückliegenden Schulentwicklungsarbeit bewährt haben, seien im folgenden genannt:

■ *Informationswand zum PSE-Geschehen*
Auf einer zentral plazierten Pinnwand werden die wichtigsten Informationen zum laufenden Innovationsprozess ausgehängt, damit das gesamte Geschehen möglichst transparent bleibt. Für die »Bestückung« der Pinnwand ist die Steuergruppe verantwortlich.

■ *Konferenzen*
Dazu gehören Einführungs- und Bilanzkonferenzen sowie produktive Konferenzen der Fachteams zur gemeinsamen Erarbeitung methodenzentrierter Lernmaterialien. Diese Konferenzen sind grundsätzlich offen für alle Lehrkräfte und geben diesen Gelegenheit, sich Einblick in die laufenden Qualifizierungs- und Innovationsmaßnahmen zu verschaffen.

■ *Studientag mit Produktions- und Hospitationsphasen*
An einem solchen Studientag kommen am Nachmittag alle Lehrkräfte der betreffenden Schule zusammen, um in fachbereichsspezifischen Gruppen unter Anleitung der trainierten Lehrerinnen und Lehrer methodenzentrierte Unterrichtsstunden vorzubereiten, die am nächsten Vormittag dann in ausgewählten Klassen erprobt werden, und zwar moderiert von zwei bis drei Vertretern dieser Gruppen. Damit an dieser Erprobung tatsächlich alle Lehrkräfte teilnehmen können, fällt an diesem Vormittag generell der Unterricht aus; nur die vorab vereinbarten Klassen werden einbestellt. In größeren Schulen laufen in der ersten Stunde mehrere Unterrichtsversuche mit unterschiedlicher fachlicher und methodischer Ausrichtung ab, die wahlweise von den nicht im Einsatz befindlichen Lehrkräften der betreffenden Schule besucht werden können. Diese Unterrichtsversuche werden in der zweiten Stunde im Kreis der jeweiligen Akteure und Hospitanten ausgewertet und reflektiert. In der dritten und vierten Stunde kann alsdann eine weitere Serie fach- und methodenzentrierter Unterrichtsversuche laufen und ausgewertet werden. In der fünften und sechsten Stunde schließlich wird im Gesamtkollegium Bilanz gezogen und die schulinterne Weiterarbeit erörtert.

■ *Hospitationen in den Modellklassen*
Diese Hospitationsangebote dienen ebenfalls der Veranschaulichung methodischer Lernarrangements. Anbieter sind einige fortgeschrittene 3er-Teams, die bereit und gewappnet sind, ihren Unterricht für interessierte Kolleginnen und Kollegen aus der eigenen Schule zu öffnen, um Einblicke in die laufende Methoden-, Kommunikations- und/oder Teamschulung zu gewähren. Hospitanten können dabei sowohl Mitglieder anderer 3er-Teams, der Steuergruppe als auch Lehrkräfte aus dem verbleibenden »Restkollegium« sein. Damit die Hospitationsangebote auch möglichst zahlreich genutzt werden, kann schulintern z. B. die Sonderregelung vereinbart werden, dass in der 5. und 6. Stunde eines beliebigen Schulvormittags alle Klassen außer den *Modellklassen* vom Unterricht befreit werden. In diesen Modellklassen wird alsdann von den 3er-Teams methodenzentrierter Unterricht praktiziert. Da als Zeitrahmen ganz bewusst eine Doppelstunde am Ende des Schulvormittags vorgesehen ist, kann bei einer intelligenten, handlungsorientierten Gestaltung dieser Doppelstunde eindrucksvoll vor Augen geführt werden, welche Motivations- und Entlastungsperspektiven der Einsatz der neuen Lehr- und Lernmethoden mit sich bringt, wenn eine Klasse methodisch nur einigermaßen geübt ist. Das induziert auf Seiten der Hospitanten erfahrungsgemäß so manche Aha-Erlebnisse und macht Mut, sich der laufenden Unterrichtsreform anzuschließen.

■ *Einrichtung von Tutorensystemen*
Damit es für die Mitglieder des »Restkollegiums« nicht nur bei sporadischen Aha-Erlebnissen bleibt, sondern sie sich ebenfalls aktiv in das Klassenteam einklinken können, werden zu Beginn eines jeden neuen Schuljahres zusätzliche tutorengestützte Klassenteams eingerichtet. Kennzeichnend für diese neuen Klassenteams ist, dass sich im Normalfall zwei relativ erfahrene Lehrerinnen und Lehrer (Tutoren) mit ein bis zwei interessierten »Anfängern« zusammentun, um in bislang noch »unversorgten« Klassen oder Jahrgangsstufen mit der konzertierten Trainingsarbeit zu beginnen. Tutoren sind dabei solche Lehrkräfte, die methodisch bereits relativ viel Know-how und Routine haben, so dass sie sich in der Lage sehen, gleich in mehreren Klassen federführend am Aufbau der neuen Lernkultur zu arbeiten. Sie werden normalerweise also nicht aus ihren 3er-Teams

herausgezogen, sondern übernehmen zusätzliche Verantwortung in neu zu bildenden Klassenteams. Der Vorteil dieser Tutorensysteme für die »Anfänger« ist der, dass sie vom Know-how der Tutoren in erheblichem Maße profitieren und so die eigene zusätzliche Zeit- und Arbeitsbelastung minimieren können.

■ *Fortbildungsprojekt für interessierte »Nachzügler«*
Wie sich in verschiedenen Schulen gezeigt hat, löst die erfolgreiche Arbeit der 3er-Teams bzw. der entstehenden Klassenteams bei anderen Lehrkräften schon bald das Bedürfnis nach eigener Fortbildung analog zum Fortbildungsprogramm der 3er-Teams aus. Diesem Bedürfnis sollte gegebenenfalls so weit und so schnell wie möglich Rechnung getragen werden, damit sich diese Lehrkräfte nicht zurückgesetzt fühlen und die Skeptiker und Gegner des Projekts nicht unnötig verstärkt werden. Diese Fortbildung kann nach dem *Teilgruppenmodell* oder nach dem *Kerngruppenmodell* erfolgen, wobei auch hier die ausgebildeten Trainerinnen und Trainer zum Einsatz kommen. Wichtig ist im letzteren Fall nur, dass die Gruppe der »Nachzügler« groß genug ist, damit sich eine gesonderte Fortbildungsmaßnahme als sinnvoll und ökonomisch vertretbar legitimieren lässt.

■ *Konzertierte Elternarbeit*
Zur Integration des »Restkollegiums« trägt auch die gemeinsame Vorbereitung methodenzentrierter Elternveranstaltungen auf Klassenebene bei. Denn Elternveranstaltungen dieser Art sind nicht dauerhaft allein Aufgabe der 3er-Teams, sondern sollten auch von anderen Lehrkräften aus der betreffenden Klasse mitgetragen und mit vorbereitet werden. Daher kann ihre Vorbereitung ein wichtiges Lern- und Kommunikationsfeld für alle Beteiligten sein und dazu beitragen, eventuell vorhandene Missverständnisse aufzuklären und bestehende Vorbehalte im Wege der praktischen Kooperation abzubauen.

■ *Tag der Offenen Tür*
Eine weitere handfeste Kooperations- und Kommunikations-gelegenheit in Sachen Methodenschulung ist die Organisation eines entsprechenden Demonstrationstages durch das Gesamtkollegium. An einem Samstag werden über mehrere Stunden hinweg in mehreren Klassenräumen unterschiedliche methodenzentrierte Demonstrationsveranstaltungen mit differenziertem fachlichen Zuschnitt angeboten, an denen die versammelten Besucher wahlweise teilnehmen können. Vorbereitet und betreut werden diese Veranstaltungen von eigens zu bildenden Lehrergruppen, wobei grundsätzlich jede Lehrkraft der betreffenden Schule in einer dieser Vorbereitungsgruppen mitwirken muss. Da geht es dann z. B. um

- Gedächtnistraining im Fach Chemie,
- Mindmapping im Fach Biologie,
- die geschickte Vorbereitung von Klassenarbeiten im Fach Geschichte,
- das Gestalten von Spickzetteln im Fach Sozialkunde,
- Visualisierungstechniken im Fach Religion,
- Referatgestaltung im Fach Deutsch,
- Vorstellungsgespräche im Fach Wirtschaftskunde,
- konstruktive Teamarbeit im Fach Mathematik usw.

Adressaten dieser Demonstrationsveranstaltungen sind neben Schülerinnen, Schülern und Eltern auch interessierte Personen aus Politik, Wirtschaft und Schulverwaltung. Auch einzelne Lehrkräfte, die gerade nicht selbst moderieren, sind selbstverständlich eingeladen, an einem Demonstrationsunterricht teilzunehmen. Zu den Besonderheiten dieses Demonstrationsunterrichts gehört es, dass die je verantwortlichen Lehrerteams zum jeweiligen Methodenschwerpunkt nicht nur informieren und konkrete Beispiele vorstellen, sondern praktische Übungen mit den anwesenden Teilnehmern durchspielen. Dies alles muss natürlich gut vorbereitet und durchdacht sein. So eröffnet der »Tag der offenen Tür« ein intensives Kommunikations-, Kooperations- und Lernfeld für das Gesamtkollegium.

■ *Öffnung der Steuergruppe für »gutwillige Bedenkenträger«*
Eine letzte Brückenbaumaßnahme betrifft die Zusammensetzung der Steuergruppe. Zwar ist es grundsätzlich wichtig und ratsam, in die Steuergruppe aufgeschlossene Befürworter des PSE-Projekts aufzunehmen, damit die vorgesehene konstruktive Projektbegleitung möglichst reibungslos vonstatten gehen kann. Das heißt andererseits jedoch nicht, dass nur euphorische Fürsprecher Berücksichtigung finden sollten. Vielmehr ist es im Interesse der Integration des »Restkollegiums« von erheblicher Bedeutung, dass auch die Gruppe der »gutwilligen Bedenkenträger« in der Steuergruppe vertreten ist, denn diese Gruppe macht in vielen Schulen rund 50 Prozent des Gesamtkollegiums aus. Daher ist sie rechtzeitig und konsequent zu hören und in das Projektmanagement der Steuergruppe einzubeziehen. Das wirkt der Spaltungsgefahr entgegen und trägt zur Harmonisierung des Gesamtkollegiums bei. Entschiedene Gegner des PSE-Projekts können im Interesse der Arbeitsfähigkeit der Steuergruppe verständlicherweise keinen Platz finden. Diese Grenzziehung ist Konfliktvermeidungsstrategie und Signal zugleich.

2.9 Schulinterne Reflexion und Evaluation

In vereinbarten Zeitabständen muss auf den laufenden Innovationsprozess geschaut und entsprechend bilanziert werden, ob und inwieweit die Zusammenarbeit in den Teams funktioniert und die konkreten Ergebnisse der Trainings- und Innovationsarbeit mit den ursprünglich festgelegten und vereinbarten Zielen hinreichend in Einklang stehen. Ein derartiges Innehalten und Reflektieren ist eine wichtige Voraussetzung dafür, dass die unterschiedlichen Teams ihre interne Kommunikations- und Arbeitsfähigkeit sichern und optimieren können und dass stichhaltige Fakten und Erkenntnisse zusammengetragen werden können, die den innerschulischen Akteuren helfen, das laufende Innovationsprogramm gegenüber dem Gesamtkollegium, den Eltern und der Schulaufsicht zu legitimieren.

Dabei geht es um das gelegentliche Gespräch über die konkrete Zusammenarbeit in den verschiedenen Teams sowie darüber, was positiv läuft und wie etwaigen Problemen begegnet werden kann, die der effektiven Umsetzung der vereinbarten Ziele und Verfahrensweisen entgegenstehen. Dabei kann es sowohl um Probleme der Arbeitsdisziplin als auch um Fragen der teaminternen Kommunikation und Kooperation gehen. Vorbereitet und gestaltet werden diese Reflexionssitzungen von den Teammitgliedern in eigener Regie. Erfahrungsgemäß reicht das Problemlösungspotential der meisten Teams aus, um die internen Probleme und Fragen hinreichend in den Griff zu bekommen. Nötig ist nur, dass sich die Teams auch die Zeit nehmen, um sich über die eigenen Stärken und Schwächen bewusst zu werden und zu verständigen sowie etwaige Probleme auf mögliche Lösungen hin abzuklopfen. Entsprechende Reflexionen lassen sich in aller Regel in dem organisatorischen und strukturellen Rahmen arrangieren, der durch die angeführten Teamveranstaltungen vorgegeben ist. Das beginnt mit den Teamklausurtagungen und wöchentlichen Teambesprechungen der 3er-Teams und reicht über die produktiven Konferenzen der Fachteams bis hin zu den Steuergruppensitzungen. Im Rahmen dieser Veranstaltungen kann auch selbstkritisch Bilanz gezogen und Feedback vermittelt werden. Kommt ein Team mit den internen Mitteln und Problemlösungsmöglichkeiten nicht mehr weiter, so kann selbstverständlich auch ein von außen kommender Experte als Berater und Moderator herangezogen werden. Ob und inwieweit dieses geschieht, hängt letztlich jedoch vom erklärten Willen der jeweiligen Gruppe ab sowie davon, ob geeignete Moderatoren und Moderatorinnen zur Verfügung stehen.

Ähnliches gilt für die *Evaluation* des laufenden Trainings- und Innovationsprozesses. Vielleicht wird diese Evaluation mit »Bordmitteln« geleistet, d. h., die Mitglieder der verschiedenen Teams setzen sich in den unterschiedlichen Zirkeln zusammen, entwickeln praktikable Evaluationsverfahren und gehen mit deren Hilfe daran, die laufende Innovationsarbeit unter die Lupe zu nehmen und möglichst angemessen zu beurteilen. In aller Regel reicht jedoch die an der einzelnen Schule verfügbare Evaluationskompetenz nicht aus, um entsprechende Verfahren entwickeln und die Ergebnisse adäquat auswerten und beurteilen zu können. Aus diesem Grunde werden im Rahmen des Projektes »Schule & Co.« sogenannte Evaluationsberaterinnen und -berater ausgebildet, die einen gewissen Standard an Verfahrens-Know-how an jeder Schule sicherstellen sollen. Während die Gesamtverantwortung für die Evaluation bei der Schulleitung liegt und die entsprechende Koordination und Steuerung von der Steuergruppe wahrgenommen werden, sind die Evaluationsberater für die Unterstützung und Beratung der Lehrkräfte und der jeweiligen Teams verantwortlich. So gesehen wird hier ganz dezidiert auf *Selbstevaluation* gesetzt (vgl. dazu auch Burkard 1995) und damit zugleich der externen Evaluation durch Wissenschaftler oder Schulaufsichtsbeamte zu diesem Zeitpunkt eine Absage erteilt. Der Grund für diese Akzentuierung ist darin zu sehen, dass die meisten Lehrkräfte erfahrungsgemäß recht allergisch reagieren, wenn von außen kommende »Kontrolleure« sich anmaßen, die pädagogische Detailarbeit in einer Schule bzw. in einer Klasse zu beurteilen. Da gibt es – historisch gewachsen – viel Misstrauen und sicherlich auch eine gehörige Portion Angst. Befürchtet werden fragwürdige Kontrollen und unnötiger Papierkram sowie die Beleuchtung der eigenen Arbeit mit unangemessenen Kriterien und Deutungsmustern. Egal, ob diese Befürchtungen nun berechtigt sind oder nicht, sie erschweren in jedem Fall eine zielgerichtete und wirksame externe Evaluationsarbeit.

Von daher ist es ratsam, auf die angesprochene Selbstevaluation zu setzen und die unmittelbar Betroffenen zu den eigentlichen Akteuren des Evaluationsprozesses zu machen. Die Betroffenen selbst vereinbaren entsprechende Verfahrensweisen, mit denen die Wirksamkeit der laufenden Trainings- und Innovationsarbeit untersucht werden soll. Natürlich haben diese Lehrkräfte ein Interesse daran, die in ihren Klassen laufenden Methoden-, Kommunikations- oder Teamtrainings auf ihre Wirksamkeit hin zu beleuchten und die zu Tage tretenden Stärken und Schwächen zu identifizieren. Eine derart pragmatisch verstandene Selbstevaluation ist erfahrungsgemäß nicht nur konsensfähig, sie ist für die Betroffenen hilfreich und kann zu wesentlichen Verbesserungen im laufenden Prozess führen. Sie vermittelt Sicherheit und Selbstvertrauen, aber auch Argumentationsstärke, Überzeugungskraft und ein gesteigertes »Wir-Gefühl«.

Welche Verfahrensweisen bei dieser Selbstevaluation in Frage kommen, geht beispielhaft aus Abbildung 13 hervor. Da wird z. B. der Lernfortschritt der Schülerinnen und

Methoden für die schulinterne Selbstevaluation

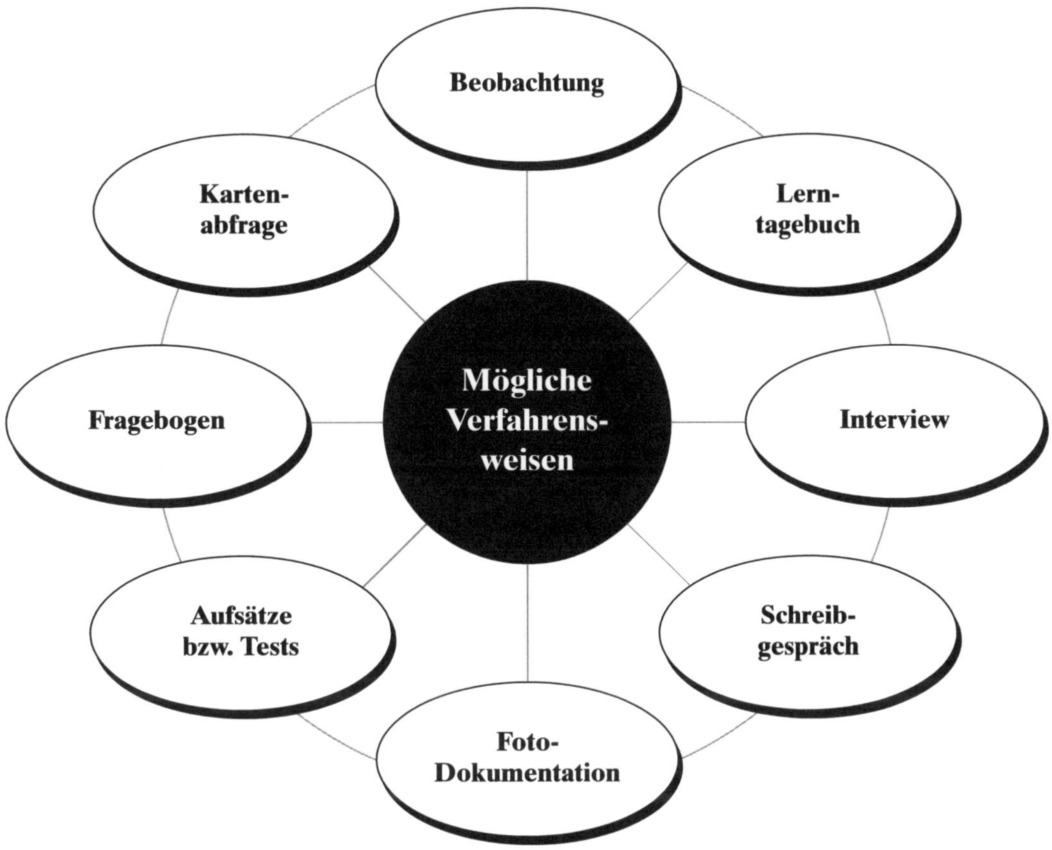

Abb. 13

Schüler im Verlauf einer Trainingsperiode mittels Beobachtung, Kartenabfrage, Interview, Fragebogen, Aufsatz oder Test überprüft oder aber durch Reflexionsmethoden wie Schreibgespräch oder Lerntagebuch näher sondiert. Auch das Erstellen einer gezielten Foto- oder Filmdokumentation kann bei der Evaluation der Arbeitsergebnisse weiterhelfen. Für welche Verfahrensweisen sich die Teams entscheiden und wie sie deren Umsetzung und Auswertung konkret handhaben, das ist im Wesentlichen ihre Sache. Allerdings können sie auf externe Hilfen zurückgreifen, an denen derzeit im Rahmen des Projektes »Schule & Co.« gearbeitet wird. Auch Eltern, die das Arbeitsverhalten ihrer Kinder zu Hause und unter Umständen auch anlässlich gelegentlicher Unterrichtshospitationen in der Schule beobachten, können wichtige und hilfreiche Rückmeldungen geben, die in einen Evaluationsbericht einfließen können. Näheres zur Strategie der Selbstevaluation im Kontext Pädagogischer Schulentwicklung wird in einer gesonderten Handreichung darzulegen sein.

3 Anregungen zum konkreten Methodentraining (ausgewählte Aufsätze)

In diesem Kapitel wird das Trainingsprogramm anhand einiger Aufsätze näher konkretisiert. Der erste Aufsatz ist dem eigenverantwortlichen Arbeiten und Lernen der Schülerinnen und Schüler gewidmet und enthält einige Anregungen, wie sich »EVA im Fachunterricht« ebenso kleinschrittig wie konsequent ausweiten lässt. Der zweite Aufsatz zeigt in groben Umrissen, wie Schülerinnen und Schüler elementare Lern- und Arbeitstechniken erwerben können, auf die sie im Rahmen des EVA-Unterrichts ganz dringend angewiesen sind. Im dritten Aufsatz geht es um das Lernfeld »Kommunikation« bzw. um ein systematisches Kommunikations- und Argumentationstraining in der Schule. Im vierten Aufsatz schließlich werden konkrete Anregungen gegeben, wie die Teamfähigkeit der Schülerinnen und Schüler konsequent auf- und ausgebaut werden kann. Abgerundet werden die vier Praxisberichte durch ein Interview, in dem der Verfasser überblickhaft Stellung bezieht zu den Chancen und Perspektiven der Pädagogischen Schulentwicklung und der damit einhergehenden Trainingsarbeit.

3.1 Handlungsorientiert unterrichten – Anregungen zur Förderung des eigenverantwortlichen Arbeitens und Lernens im Fachunterricht (EVA)

Neue Lernformen sind angesagt. Freiarbeit, Wochenplanarbeit, Stationenarbeit, Projektarbeit und andere Formen des eigenverantwortlichen Arbeitens und Lernens werden in den geltenden Lehrplänen und Richtlinien zunehmend gefordert. Gemeinsam ist allen diesen Lernformen, dass die Schülerinnen und Schüler verstärkt zum tätigen, selbstgesteuerten Lernen veranlasst werden. Einigkeit besteht unter Pädagogen und Bildungsforschern darin, dass die traditionelle »Belehrungskultur« längst nicht mehr hinreicht, die Schülerinnen und Schüler zeitgemäß auf die aktuellen Anforderungen in Beruf und Studium vorzubereiten. Verlangt werden heute verstärkt Kompetenzen wie Selbständigkeit, Problemlösungsvermögen, Kreativität, Eigeninitiative, Planungs- und Organisationsfähigkeit, Methodenbeherrschung und Sozialkompetenz – Fähigkeiten also, die die Schülerinnen und Schüler nicht rezeptiv, sondern nur im Wege des learning by doing erwerben können. Von daher ist handlungsorientierter Unterricht vonnöten, der den Schülerinnen und Schülern Raum gibt zum selbständigen, kreativen, problemlösenden Arbeiten und Lernen allein oder in Gruppen. Dass davon nicht nur die Schülerinnen und Schüler, sondern auch ihre Lehrerinnen und Lehrer profitieren, wird in diesem Beitrag gezeigt.

3.1.1 Wachsender Problemdruck im Unterrichtsalltag

Dass das Unterrichten in den letzten Jahrzehnten schwieriger geworden ist, das bestätigen nicht nur die meisten Lehrkräfte, sondern das lässt sich auch aus einigen aktuellen Befunden der Unterrichtsforschung ablesen. Die Lerndispositionen der Schülerinnen und Schüler haben sich verändert. Die Diskrepanz zwischen dem, was Schülerinnen und Schüler, Eltern und/oder Wirtschaftsvertreter von einem »guten Unterricht« erwarten und dem, was traditionell ausgebildete Lehrkräfte praktisch anbieten und intendieren, ist mittlerweile so groß geworden, dass sich beinahe zwangsläufig Friktionen und Frustrationen einstellen. Die Lehrkräfte bemühen sich, ihr Pensum durchzunehmen und die Schülerinnen und Schüler möglichst straff und fachsystematisch in die anstehenden Stoffgebiete einzuführen (vgl. Abbildung 14). Sie erklären und informieren, sie stellen Fragen und weisen an, sie strukturieren und visualisieren, sie korrigieren und kritisieren, sie problematisieren und lösen Probleme, sie demonstrieren und referieren, sie organisieren und treffen Entscheidungen, sie übernehmen Verantwortung und zeigen Initiative. Und sie erwarten bei alledem von ihren Schülerinnen und Schülern, dass diese bereit und in der Lage sind, diese »Hyperaktivität« ihrer Lehrkräfte erfolgreich zu nutzen und die dargebotenen Kenntnisse und Erkenntnisse wirksam abzuspeichern und zu behalten. Doch genau das ist der Trugschluss! Die heutige Schülergeneration ist aufgrund veränderter Lerndispositionen de facto immer weniger bereit und fähig, in der skizzierten Weise zu lernen. Untersuchungen zeigen: Die Kinder, die heute in die Schule kommen bzw. in der Schule sind, sind in hohem Maße Medien- und Wohlstandskinder, verwöhnte und überbehütete oder auch vernachlässigte Kinder, Kinder mit mehr oder weniger ausgeprägten Defiziten im Sozialverhalten und im kommunikativen Bereich, Kinder aber auch, die einfach nicht mehr so lernen wollen und können, wie das ihre auf rezeptive, verbal-abstrakte Stoffvermittlung programmierten Lehrkräfte von ihnen verlangen, da sie infolge der massiven Animation vor dem Fernseher oder vor dem Spielecomputer Erwartungen aufbauen, denen die Lehrkräfte mit ihrem vergleichsweise dürftigen Animationsrepertoire immer weniger gerecht werden können. Die Folge sind die angedeuteten Frustrationen auf Lehrer- wie auf Schülerseite. Die Schülerinnen und Schüler sind durch die tradierten Lehr-/Lernverfahren mehr und mehr überfordert bzw. fehlgefordert, da sie auf der rezeptiven Schiene weder hinreichend zu motivieren sind noch dort ihre Stärken haben. Rund 90 Prozent der Schülerinnen und Schüler nämlich gehören vom Begabungstyp her zur Gruppe der praktisch-anschaulichen Lerner, d. h., sie brauchen zum erfolgreichen Lernen möglichst ausgeprägte praktische Lerntätigkeiten. Dieser Begabungsstruktur wird insbesondere in den Gymnasien sowie in den berufsbildenden Schulen viel zu wenig Rechnung getragen. Kein Wunder also, dass die sattsam bekannten Motivations- und Lernprobleme im Unterricht gehäuft auftreten und den zuständigen Lehrkräften zu schaffen machen. Das vielzitierte »Burn-out-Syndrom« ist nicht zuletzt eine Folge dieser alltäglichen Friktionen, die auf Lehrerseite Enttäuschung, Ratlosigkeit, Angst, Verbitterung, Resignation, Aggression und andere Reaktionen mehr auslösen. Der Leidensdruck wächst, die Belastungen nehmen zu, die misserfolgsbedingten Erkrankungen häufen sich. Seinen Ausdruck findet dieser Dauerstress in einer alarmierend hohen Frühpensionierungsquote, die in Ländern wie Rheinland-Pfalz, Hamburg und Niedersachsen bei rund 90 Prozent liegt. So gesehen sind Umdenken und pädagogische Neuorientierung angesagt (vgl. die Thesen in Abbildung 15).

Umdenken tut aber auch deshalb Not, weil in der postindustriellen Gesellschaft in rasch wachsendem Maße Qualifikationen gefragt sind, die mit den traditionellen Lehr-/

Unterrichts-Alltag

Der Lehrer …

- plant, organisiert;
- entscheidet, weist an;
- trägt vor, fragt;
- informiert, erklärt;
- korrigiert, demonstriert;
- experimentiert, bewertet;
- strukturiert, visualisiert;
- problematisiert, löst Probleme;
- übernimmt Verantwortung;
- zeigt Initiative etc.

Die Schüler sollen …

- zuhören, aufpassen;
- rezipieren, einspeichern;
- abstrahieren, reproduzieren;
- Durchhaltevermögen zeigen;
- angepasst lernen etc.

Aber … — sie können und wollen das immer weniger!

Abb. 14

Lehrer müssen umdenken

Die heutigen Schülerinnen und Schüler sind nicht schlechter als früher; sie sind nur anders!

Viele Schülerinnen und Schüler sind von Hause aus über Gebühr verwöhnt und überbehütet; die Folge ist eine geradezu chronische Hilflosigkeit und Bequemlichkeit!

Die stoffbezogene Rezeptionsbereitschaft und -fähigkeit vieler Schülerinnen und Schüler hat unter dem Einfluss des alltäglichen Medienkonsums erheblich abgenommen!

Von daher sind die tradierten direktiven/darbietenden Methoden mehr und mehr in Frage gestellt. Der Lehrer als »Entertainer« hat einen zunehmend schweren Stand!

Dies auch deshalb, weil 90 Prozent unserer Mittelstufenschülerinnen und -schüler vorrangig praktisch-anschauliche Lerner sind; sie brauchen zum erfolgreichen Lernen die praktische Lerntätigkeit!

Oder mit den Worten von Diesterweg: »Was der Schüler sich nicht selbst erwirkt oder erarbeitet hat, das ist er nicht und das hat er nicht!«

So gesehen ist Bildung mehr als rezeptives Auswendiglernen und opportunistische Paukerei. Bildung zielt auf Persönlichkeitsentwicklung in einem sehr weiten Sinne des Wortes: auf Selbständigkeit, Kreativität, soziale Sensibilität und anderes mehr!

Deshalb: Wir müssen den Schülerinnen und Schülern mehr zutrauen und zumuten! Wir müssen sie in puncto Selbständigkeit, Kreativität, Kommunikation und Teamarbeit verstärkt fordern und fördern. Denn sie können mehr, als sie uns im alltäglichen Schulbetrieb zeigen!

Abb. 15

Lernweisen nur sehr unzulänglich vermittelt werden können. Da steht zum einen unverändert die Forderung im Raum, im Dienste des demokratischen Gemeinwesens auf Selbst- und Mitbestimmung, auf Demokratiefähigkeit und politische Partizipation zu setzen und die Schülerinnen und Schüler entsprechend zu fordern und zu fördern – eine Forderung, die durch die direktiv-rezeptive Ausrichtung des tradierten Unterrichts schon immer konterkariert wurde.

Wer die angedeuteten demokratiespezifischen Fähigkeiten und Fertigkeiten entwikkeln will, der muss verstärkt auf ein korrespondierendes learning by doing abstellen. Dieses gilt darüber hinaus selbstverständlich auch für die Vermittlung der von der Wirtschaft geforderten Schlüsselqualifikationen. Im Klartext: Qualifikationen wie Methodenkompetenz, Kommunikationskompetenz, Teamkompetenz, Kreativität, Eigeninitiative und Verantwortungsbewusstsein sind nun einmal nur dadurch auszubilden, dass die Schülerinnen und Schüler im Unterricht auch entsprechend gefordert und gefördert werden. Eigenverantwortliches Arbeiten, Teamarbeit und methodenzentriertes Lernen sind von daher verstärkt vonnöten (vgl. dazu Klippert, 1994, 1995 und 1998). Die Propagierung offener, handlungsorientierter Unterrichtsformen durch die Bildungsverantwortlichen trägt diesem Anspruch und dieser Erkenntnis Rechnung.

3.1.2 Eigenverantwortliches Arbeiten (EVA) als Perspektive

Das eigenverantwortliche Arbeiten und Lernen der Schülerinnen und Schüler ist aus vielerlei Gründen sinnvoll und zu intensivieren. Die auf diesem Wege zu vermittelnden fachlichen, methodischen und sozialen Kompetenzen werden in Abschnitt 3.1.4 näher angesprochen. Unter motivationalen Gründen ist darüber hinaus wichtig und ermutigend, dass die Selbsttätigkeit der Schülerinnen und Schüler erwiesenermaßen ein relativ hohes Maß an intrinsischer Motivation freisetzt. Indem nämlich die Schülerinnen und Schüler aktiv werden und in kreativ-produktiver Weise zu Werke gehen, gelangen sie mit hoher Wahrscheinlichkeit zu greifbaren Ergebnissen und Erfolgserlebnissen und schöpfen daraus wiederum die Motivation für die Weiterarbeit. Der amerikanische Lernpsychologe Jerome S. Bruner spricht diesbezüglich von »Kompetenzmotivation« bzw. von »Erfolgsmotivation« und meint damit die Motivation der Schülerinnen und Schüler, die sich aus ihrer Erfahrung und Gewissheit speist: »Das kann ich! Ich hab's schon mal gemacht! Ich weiß, wie's geht!«. Diese positive, motivationsfördernde Selbsteinschätzung steht und fällt freilich damit, dass entsprechende praktische Tätigkeiten durchgeführt und Erfahrungen gesammelt wurden, von daher lautet die zwingende Konsequenz, dass im Unterricht verstärkt entsprechende »Arbeitsinseln« organisiert und angeboten werden müssen. Denn Mut machende Erfahrungen sammeln kann letztlich nur derjenige, der aktiv lernt. Und wer aktiv lernt, der wird für sich schon bald praktikable Wege entdecken und Kompetenzen entwickeln, die ein tragfähiges Selbstbewusstsein und Selbstvertrauen begründen. Genau dieses aber ist die Quelle einer wirksamen Motivation. Das gilt insbesondere für die Gruppe der praktisch-anschaulichen Lerner, die an unseren Schulen sehr stark vertreten ist. Geschätzt wird, dass ca. 90 Prozent unserer Schülerpopulation vorrangig praktisch-anschaulich begabt sind und entsprechende Lernangebote brauchen. Für diese Gruppe ist das tätige Lernen eine ganz entscheidende Voraussetzung dafür, dass sich der nötige Lernerfolg sowie – darauf aufbauend – die korrespondierende Motivation einstellen.

So gesehen muss das eigenverantwortliche Arbeiten und Lernen der Schülerinnen und Schüler intensiviert werden. Wodurch sich »EVA« auszeichnet, macht Abbildung 17 deutlich. Die Palette des eigenverantwortlichen Arbeitens und Lernens der Schülerinnen und Schüler reicht vom Bearbeiten themenzentrierter Arbeitsblätter (zum »guten« Arbeitsblatt vgl. Klippert 1993) über das Erstellen einschlägiger Lernprodukte (Plakate, Texte, Tabellen, Werkstücke, Tests, Hörspiele, künstlerische Produkte etc.) und das Realisieren kleinerer oder größerer (Forschungs-)Projekte bis hin zur Durchführung ausgewählter Planspiele, Rollenspiele und sonstiger Lernspiele zum jeweiligen Thema des Unterrichts. Entscheidendes Merkmal dieser Unterrichtsarbeit ist also, dass die Schülerinnen und Schüler weniger rezeptiv und reproduktiv lernen, sondern vorrangig aktiv und kreativ zu Werke gehen. Sie arbeiten und lernen in hohem Maße eigenständig und eigenverantwortlich; sie kommunizieren und kooperieren, sie planen und organisieren, sie exzerpieren und strukturieren, sie konzipieren und gestalten, sie experimentieren und revidieren, sie produzieren und präsentieren, sie disponieren und lösen Probleme. Kurzum, sie lernen und begreifen im Wege des learning by doing sowohl auf der inhaltlich-fachlichen wie auf der methodisch-strategischen wie auf der sozial-kommunikativen Ebene.

Wie aus Abbildung 16 weiterhin hervorgeht, verändert sich im Zuge dieser Lernorganisation die Lehrerrolle in Richtung auf eine eher defensive Moderatorenrolle. Denn wenn die Schülerinnen und Schüler eigenständig und eigenverantwortlich lernen sollen, dann müssen die zuständigen Lehrkräfte zu dieser Art des Selbstmanagements ermutigen und entsprechende Arbeits- bzw. Lerninseln eröffnen, die von den Schülerinnen und Schülern in eigener Regie individuell oder in Kooperation mit anderen auszugestalten sind. Egal, ob Arbeitsblätter zu bearbeiten, einschlägige Lernprodukte zu erstellen, Projektarbeiten zu erledigen oder Planspiele und sonstige Lernspiele durchzuführen sind, stets müssen die betreffenden Lehrkräfte entsprechende Einstellungen und Führungsstile zeigen. Sie müssen den Schülerinnen und Schülern etwas zutrauen und ihnen Raum zum experimentellen Arbeiten lassen. Sie müssen geeignete Lern- bzw. Arbeitsinseln organisieren, ohne die Schülerinnen und Schüler über Gebühr zu reglementieren und zu kontrollieren. Sie müssen Fehler und Lernumwege prinzipiell zulassen, weil andernfalls offenes, schülerzentriertes Arbeiten und Lernen nicht machbar ist. Geführt wird also primär durch Rahmenvorgaben und weniger durch Detailanweisungen und Detailkontrollen, damit die Schülerinnen und Schüler lernen, sich durchzuwursteln und Verantwortung für den eigenen Lernprozess zu übernehmen. Am Ende sind sie in aller Regel sehr stolz darauf, dass sie etwas in eigener Regie geschafft haben!

Die Konsequenzen, die sich aus diesem Führungsstil und dieser Lernorganisation für die Schülerinnen und Schüler ergeben, sind im rechten Teil von Abbildung 16 angedeutet worden. Die Schülerinnen und Schüler übernehmen stärker als im traditionellen lehrerzentrierten Unterricht Verantwortung. Sie arbeiten verstärkt selbständig und selbstorganisiert. Sie planen und gestalten, lösen Probleme und tun dies alles möglichst oft in Kooperation mit anderen Schülerinnen und Schülern, damit sie durch das praktische Erleben und Ausgestalten von Gruppen- und Partnerarbeit auch und zugleich Teamfähigkeit und Teamgeist ausbilden, ohne die heutzutage in Großunternehmen und mittelständischen Betrieben fast nichts mehr läuft. Die Lernchancen, die sich aus dieser Art des eigenverantwortlichen Arbeitens und Lernens ergeben, lassen sich aus dem unteren Teil von Abbildung 16 ansatzweise ersehen. »EVA« führt zu mehr Motivation, aber auch zu mehr Selbständigkeit, Kreativität, Methoden- und Sozialkompetenz. Und »EVA« för-

Eigenverantwortliches Arbeiten und Lernen

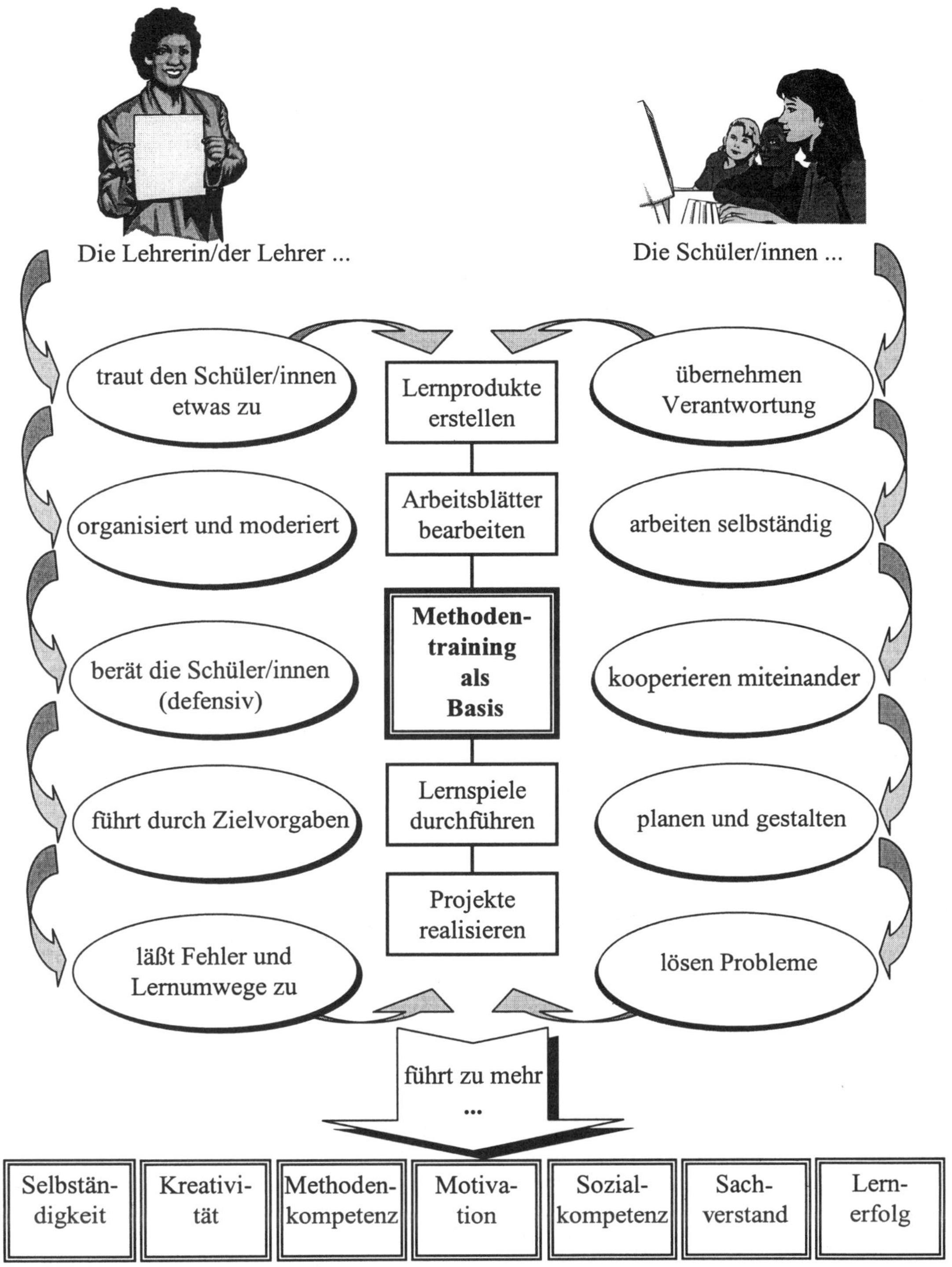

© Dr. Heinz Klippert Abb. 16

dert selbstverständlich auch den fachlichen Einblick und Durchblick der Schülerinnen und Schüler und begünstigt damit alles in allem einen recht breit gefächerten Lernerfolg. Nähere Erläuterungen dazu finden sich in Abschnitt 3.1.4.

3.1.3 »EVA« konkret: Vom Arbeitsblatt bis zum Projekt

Das eigenverantwortliche Arbeiten und Lernen der Schülerinnen und Schüler kann an verschiedenen Stellen ansetzen und mit unterschiedlichen Lernanforderungen und -aufgaben verbunden sein. Das geht aus Abbildung 17 hervor. Wichtig hierbei ist, dass die in den letzten Jahren so stark betonte Projektarbeit nur ein Ansatz unter vielen möglichen ist, die der Projektarbeit vor- oder nebengeordnet sind. Denn die Projektmethode im klassischen Sinne des Wortes (vgl. Frey 1995, Struck 1980) ist eine ausgesprochene Hochform des eigenverantwortlichen Arbeitens. Eine Hochform, die in der Praxis nur selten angemessen zu verwirklichen ist, da es dem Gros der Schülerinnen und Schüler an den nötigen Kompetenzen mangelt, die diese anspruchsvolle Art des Selbstmanagements voraussetzt. Schaut man sich die Praxis an den Schulen genauer an, dann sind nämlich viele der sogenannten Projekte de facto nichts anderes als lehrerzentrierte Lehrgänge, d. h., die verantwortlichen Lehrkräfte sind es ganz vorrangig, die planen, organisieren, vorbereiten, Material beschaffen, dirigieren und instruieren, Initiative zeigen und Verantwortung übernehmen – bis hin zur Gestaltung und Präsentation der Projektergebnisse. Dieses kontraproduktive Verhalten ist allerdings keinesfalls als Lehrerschelte gemeint, sondern ist schlicht und einfach Ausdruck der verbreiteten Hilflosigkeit und Überforderung, die sich auf Schülerseite breit macht, wenn anspruchsvolle Projekte anstehen.

Von daher müssen dem Projektmanagement viele kleinere Inseln des eigenverantwortlichen Arbeitens und Lernens vorangehen, damit die Schülerinnen und Schüler die nötigen Projektkompetenzen entwickeln können. Mit anderen Worten: Selbständigkeit, Selbstverantwortung und Selbstmanagement müssen möglichst kleinschrittig eingeübt und gelernt und dürfen nicht vorschnell vorausgesetzt und verlangt werden. Zwar ist es wichtig und richtig, dass möglichst bald auch komplexere Projekte, Planspiele und/oder Gruppenarbeiten auf dem Programm stehen sollten, aber diese sind doch eher die Highlights eines auf »EVA« setzenden Unterrichts und keineswegs der Normalfall. Im Normalfall dominieren vielmehr die vielen kleineren Arbeits-, Kommunikations- und Produktionsaktivitäten, wie sie in Abbildung 17 zum Ausdruck kommen.

Die Schülerinnen und Schüler markieren und exzerpieren, visualisieren und gestalten, planen und entscheiden, schreiben und rechnen, fragen und antworten, organisieren und strukturieren, experimentieren und produzieren, diskutieren und argumentieren, forschen und entdecken, erkunden und präsentieren – kurzum; sie praktizieren tätiges Lernen. Sie sind aktiv, lösen Probleme, zeigen Eigeninitiative und übernehmen Verantwortung. Diese Arbeitsprozesse werden in aller Regel abgerundet und abgeschlossen durch spezifische Produkte, die gleichermaßen Ansporn wie Erfolgsindikatoren sind. Die Palette der möglichen Arbeitsprodukte, die am Ende einer Lernsequenz stehen können, ist groß. Das beginnt bei selbstgefertigten Texten, Briefen, Schaubildern, Tabellen, Zeichnungen, Protokollen, Flugblättern, Plakaten und Wandzeitungen und reicht über die Produktion bestimmter Werkstücke, Reportagen, Hörspiele, Diareihen und Videofilme bis hin zur Vorbereitung und eigenverantwortlichen Ausgestaltung von Rollenspie-

Eigenverantwortliches Arbeiten und Lernen

produktives Tun

- **Informationen nachschlagen/exzerpieren**
- **Arbeitsblätter bearbeiten bzw. herstellen**
- **Struktogramme erstellen (Tabelle, Schaubild, Diagramm, Tafelbild)**
- **Rätsel lösen bzw. herstellen**
- **Plakat/Wandzeitung/ Flugblatt gestalten**
- **Referat/Wochenbericht verfassen**
- **Lernspiele durchführen bzw. herstellen (Puzzle, Würfelspiel etc.)**
- **Kommentar/Bericht/ Brief schreiben**
- **Werkstücke/ Gebrauchsgegenstände herstellen**

etc.

kommunikatives Handeln

- **Gruppengespräch/ Partnergespräch**
- **Kreis- bzw. Doppelkreisgespräch**
- **Stationengespräch**
- **Frage-Antwort-Spiel**
- **Argumentationsspiel**
- **freies/fiktives Erzählen bzw. Berichten**
- **Vortragen/ Präsentieren**
- **Talkshow**
- **Rollenspiel**
- **Planspiel**
- **Pro-und-Kontra-Debatte**
- **Hearing**
- **Tribunal**

etc.

exploratives Handeln

- **Erkundung/ Beobachtung**
- **Expertenbefragung**
- **Straßeninterview**
- **Fallstudie/ Sozialstudie**
- **Recherche/Reportage**
- **Bibliotheksnutzung**
- **Projekt i.w.S.**
- **Praktikum (u. a. in einem Betrieb)**
- **Exkursionen**

etc.

Abb. 17

len, Sketchen, Talkshows, Planspielen, Debatten, Hearings und kleineren Vorträgen sowie zur Planung und Durchführung von Erkundungen, Versuchen und Recherchen innerhalb wie außerhalb der Schule.

Wohlgemerkt: Dieser Anspruch ist im Kern gar nicht so neu. Nur ist er in den zurückliegenden Jahrzehnten viel zu wenig im Unterricht umgesetzt worden, oder er wurde von den Anforderungen und den Zielsetzungen her derart hochstilisiert, dass viele gutwilligen Lehrkräfte abgeschreckt und entmutigt wurden (s. Projektmethode). Genau diesen fatalen Zustand gilt es zu verändern. Und dazu bedarf es – wie erwähnt – einer Strategie der kleinen Schritte, die im normalen Alltag praktikabel sind und Schülerinnen und Schülern wie Lehrerinnen und Lehrern sukzessive mit elementaren Methoden des eigenverantwortlichen Arbeitens vertraut machen. Das beginnt – wie Abbildung 17 zeigt – bei sehr einfachen Formen der selbständigen Informationsbeschaffung durch Nachschlagen im Schulbuch, im Lexikon, in einschlägigen Broschüren oder in spezifischen Leitmaterialien, die von Lehrerseite zusammengestellt werden. Indem die Lehrerin/der Lehrer entsprechende Problemfragen, Rätsel oder Suchaufgaben vorgibt, werden die Schülerinnen und Schüler auf »Entdeckungsreise« geschickt und zugleich veranlasst, sich die benötigten Informationen in eigener Regie zu beschaffen sowie einige grundlegende Arbeitstechniken zu praktizieren und zu üben, wie Nachschlagen, Exzerpieren, Diagonallesen etc.

Gleiches gilt im übrigen, wenn den Schülerinnen und Schülern aufgetragen wird, themen- bzw. materialzentriert Fragen zu formulieren, einen Test zu erstellen, ein Quiz vorzubereiten oder ein Kreuzworträtsel anzufertigen. Auch das Nacherzählen eines Sachtextes, das Erläutern eines Schaubildes, das Interpretieren einer Karikatur, das Beschreiben eines Versuchsablaufs bzw. eines Arbeitsvorgangs oder das Kommentieren einer These in Partner- oder Kleingruppen gehören zu diesen relativ einfachen Standardsituationen eines auf »EVA« abstellenden Unterrichts. Ja selbst so elementare Lerntätigkeiten wie das Ausfüllen eines Arbeitsblattes, das Zuordnen von Daten und Begriffen, das Zeichnen eines Kurvendiagramms oder das Ausschneiden, Anmalen, Zusammensetzen und Aufkleben eines Lernpuzzles haben ihren berechtigten Stellenwert und sind kleine Schritte zur Schulung der Selbständigkeit der Schülerinnen und Schüler. Denn sie lenken deren Aufmerksamkeit auf den jeweiligen Lerngegenstand, und sie bahnen den sachlichen Klärungsprozess in der Weise an, dass die Schülerinnen und Schüler die besagten Puzzleteile bewusst lesen, kombinieren, ordnen und während oder nach dieser Klärungsarbeit vertiefende Gespräche mit den Mitschülerinnen und -schülern führen. Von daher sind selbst sehr simple Arbeitsaufgaben und Arbeitsblätter alles andere als vordergründiger Aktionismus. Sie induzieren bewusste Auseinandersetzungen, Gespräche und damit auch Lernen!

Nur darf der Unterricht nicht bei solchen relativ einfachen »Arbeitsinseln« stehen bleiben, sondern er muss grundsätzlich so angelegt sein, dass die Anforderungen sukzessive gesteigert und immer wieder auch so gestreut werden, dass die unterschiedlichen Begabungen der Schülerinnen und Schüler einer Klasse zur Geltung kommen können. So gesehen haben in einem auf »EVA« setzenden Unterricht natürlich auch Planspiele, Konferenzspiele, Rollenspiele, Debatten, Hearings und andere Interaktionsspiele ihren Platz. Und selbstverständlich sind auch anspruchsvollere Projekte vorzusehen und durchzuführen. Nur muss klar sein, dass es sich bei diesen relativ komplexen Verfahren um ausgesprochene Hochformen des eigenverantwortlichen Arbeitens und Lernens der Schülerinnen und Schüler handelt, die nicht nur recht zeitintensiv sind, sondern häufig auch organisatorische Sonderregelungen und -absprachen in der Schule verlangen, an denen erfahrungsgemäß viele gute Vorsätze scheitern. Das gilt insbesondere für fächerübergreifende Projekte. Gleichwohl muss darauf hingearbeitet werden. Daran besteht gar kein Zweifel! Die hier propagierte Strategie der kleinen Schritte ist ein Weg, der die Erfolgsaussichten mehrt und Schülerinnen und Schüler wie Lehrerinnen und Lehrer vor unnötiger Überforderung schützt.

3.1.4 »EVA« fördert breitgefächerten Kompetenzerwerb

Die Vielfalt der Fähigkeiten und Fertigkeiten, welche die Schülerinnen und Schüler im Rahmen des skizzierten Unterrichts erwerben können, ist groß. Das gilt nicht zuletzt im Hinblick auf die von Seiten der Wirtschaft immer stärker geforderten Schlüsselqualifikationen wie Selbständigkeit, Verantwortungsbereitschaft, Kreativität, Flexibilität, Teamfähigkeit, Methodenbeherrschung und Kommunikationsfähigkeit. Dazu heißt es in einer aktuellen Stellungnahme der Firma Siemens: »Arbeit in Gruppen oder funktionsübergreifenden Teams nimmt immer mehr zu, der klassische ›Einzelkämpfer‹ im Beruf verschwindet mehr und mehr. Daher wird von jungen Leuten in Zukunft ein hohes Maß an Team- und Kommunikationsfähigkeit erwartet ... Wer nicht zu systematischem Denken und Arbeiten fähig ist, verliert an einem Arbeitsplatz, der mit immer komplexerer Technik ausgestattet wird, schnell den Anschluß. Nimmt man noch Kreativität, Eigeninitiative und Selbständigkeit dazu, hat man ein Grobraster von Schlüsselqualifikationen, die für jeden einzelnen nicht nur im Beruf, sondern grundsätzlich im Zusammenleben mit anderen Menschen von Bedeutung sind.« (aus: Bildung konkret 10/1995, hrsg. vom Deutschen Lehrerverband, S. 7). Andere Groß- und Mittelunternehmen sehen die Perspektiven der Jugendlichen und die daraus resultierenden Qualifikationserfordernisse ähnlich. Die verstärkte Betonung des eigenverantwortlichen Arbeitens im Unterricht trägt diesen Anforderungen und Erwartungen Rechnung. Dass derartige Qualifikationen im besten Sinne des Wortes auch der Persönlichkeitsentwicklung und der späteren Lebensbewältigung in allen möglichen Bereichen zugute kommen, steht außer Frage. Dazu einige synoptische Überlegungen und Argumente:

■ *Effektive Stoffvermittlung*

Wie in Abschnitt 3.1.2. bereits angedeutet, begünstigt das eigenverantwortliche Arbeiten und Lernen der Schülerinnen und Schüler nicht nur ihre Motivation, sondern auch ihren fachlichen Kenntnis- und Erkenntniserwerb. Der in aktiv-kreativer Weise erarbeitete Lernstoff bleibt erwiesenermaßen recht langfristig im Gedächtnis haften, wie zahlreiche lernpsychologische Untersuchungen deutlich machen (vgl. Aebli 1983; Piaget 1976, Bruner 1981, Vester 1978). Der Hauptgrund dafür: Die aktive und interaktive Auseinandersetzung sorgt dafür, dass die Schülerinnen und Schüler den jeweiligen Lernstoff sukzessive erschließen, verarbeiten und diskursiv festigen, was die Speicherkraft des Gedächtnisses entscheidend stützt. Nach einer Untersuchung der American Audiovisual Society behalten Menschen durchschnittlich etwa 20 Prozent von dem, was sie hören und nur wenig mehr, nämlich 30 Prozent, von dem, was sie sehen. Von dem hingegen, was sie aktiv sagen bzw. tun, behalten sie durchschnittlich 70–90 Prozent (vgl. Witzenbacher 1985, S. 17). Diese hohe Behaltensrate ist – wie Vester nachgewiesen hat – die Folge der gleichzeitigen Aktivierung verschiedener Sinne beim Lernen in konkreten

Handlungsvollzügen (vgl. Vester 1978). Da wird in der Regel nicht nur praktisch gearbeitet und diskutiert, sondern häufig auch etwas »erlebt«, nämlich Erfolg oder Misserfolg, Spaß oder Ärger, Enttäuschungen oder Überraschungen. Das gilt keineswegs nur für Rollenspiele, Planspiele und andere erlebnisbetonte spielerische Aktivitäten, sondern auch für ganz normale Arbeitsvollzüge, die Raum für forschendes, entdeckendes und/oder interaktives Lernen geben. Fazit also: Lernstoffe, die von den Schülerinnen und Schülern eigenverantwortlich erarbeitet, strukturiert, diskutiert, dokumentiert, präsentiert, archiviert, wiederholt und/oder in spielerischer Weise erschlossen werden, bleiben verhältnismäßig gut im Gedächtnis haften und unterstützen von daher den längerfristigen Lernerfolg. Aebli untermauert diesen Befund unter Verweis auf die einprägsamen Handlungsschemata, die im kognitiven Apparat der Schülerinnen und Schüler entstehen, wenn sie bestimmte Arbeitsabläufe vollziehen. Durch diesen Vollzug wird der betreffende Ablauf mit allen möglichen Begleitinformationen und -erkenntnissen relativ wirksam gelernt und als ganzer abrufbar (vgl. Aebli 1983, S. 184 ff.).

■ *Praktisches Methodentraining*
Das eigenverantwortliche Arbeiten und Lernen der Schülerinnen und Schüler hat darüber hinaus den wichtigen Effekt, dass unter der Hand elementare Methoden des selbständigen Arbeitens überlegt, ausprobiert und schrittweise eingeübt werden. So gesehen ist »EVA« praktisches Methodentraining im Sinne der abgebildeten Methodenpalette (vgl. Abbildung 18). Praktiziert und eingeübt werden sowohl diverse Kommunikations- und Kooperationsmethoden als auch grundlegende Lern- und Arbeitstechniken, die der systematischen Erarbeitung, Aufbereitung und Präsentation lernrelevanter Sach- und Fachinformationen dienen. Das beginnt beim Markieren und Exzerpieren der je vorliegenden Materialien und reicht über das gezielte Nachschlagen und Protokollieren einschlägiger Sachinformationen bis hin zum Schreiben eigener Texte sowie zum Gestalten themenzentrierter Plakate, Wandzeitungen, Heftseiten, Lernkärtchen, Spickzettel, Tabellen, Schaubilder, Probetests, Referate, Facharbeiten und sonstiger Lernprodukte. Und natürlich werden im Arbeitsvollzug auch diverse Kommunikationsstrategien praktiziert und geübt, wie sie im rechten Teil von Abbildung 18 aufgelistet worden sind. Fest steht: Die genannten Arbeits- und Interaktionsmethoden können in der Schule gar nicht oft genug angebahnt und praktisch geübt werden, denn sie sind das A und O der viel zitierten Methodenkompetenz, auf die es in der postindustriellen Gesellschaft immer stärker ankommt. Das eigenverantwortliche Arbeiten und Lernen ist Angebot und Chance zugleich, die besagte Methodenkompetenz weiterzuentwickeln (vgl. zum Methodentraining und zum Kommunikationstraining Klippert 1994 und 1995).

■ *Sozial-kommunikatives Lernen*
Wie bereits angedeutet, bietet sich im Rahmen des hier anvisierten Unterrichts natürlich auch reichlich Gelegenheit zur Argumentation, Diskussion, Präsentation und nicht zuletzt zur Teamarbeit in ihren verschiedensten Facetten. Denn das eigenverantwortliche Arbeiten und Lernen ist ganz überwiegend mit Partner- oder Gruppenarbeit verbunden, damit sich die Schülerinnen und Schüler wechselseitig vergewissern und auch helfen. Ansonsten besteht nämlich die Gefahr, dass die schwächeren und/oder phlegmatischen Schülerinnen und Schüler vorschnell aufgeben oder unter Umständen auch einbrechen, da die Aufgaben relativ anspruchsvoll (»knifflig«) sein sollten. Von daher sind Kommunikation und Interaktion angesagt. Da wird u. a. gefragt und geantwortet, zuge-

Methodenkompetenz

Vertrautsein mit zentralen Makromethoden (komplexere Methoden)	Beherrschen elementarer Lern- und Arbeitstechniken	Beherrschen elementarer Kommunikations- und Kooperationsmethoden
■ **Planspiel**	■ **Rasches Lesen**	■ **Freie Rede**
■ **Rollenspiel**	■ **Markieren**	■ **Vortrag**
■ **Fallstudie/Fallanalyse**	■ **Exzerpieren**	■ **Plädoyer**
■ **Problembearbeitung**	■ **Strukturieren**	■ **Befragung**
■ **Projektmethode**	■ **Visualisieren**	■ **Interview**
■ **Leittextmethode**	■ **Nachschlagen**	■ **Arbeitsgespräch**
■ **Metaplanmethode**	■ **Notizen machen**	■ **Diskussion**
■ **Sozialstudie**	■ **Bericht schreiben**	■ **Verhandlungsführung**
■ **Hearing/Debatte**	■ **Protokollieren**	■ **Gesprächsleitung**
■ **Referat/Vortrag**	■ **Gliedern/Ordnen**	■ **Brainstorming**
■ **Facharbeit**	■ **Zitieren**	■ **Feedback**
■ **Hörspielproduktion**	■ **Kartei anlegen**	■ **Blitzlicht**
■ **Klassenarbeit vorbereiten**	■ **Heftgestaltung**	■ **Telefonieren**
■ **Arbeiten mit Lernkartei**	■ **Briefgestaltung**	■ **Aktives Zuhören**
	■ **Ausschneiden/ Lochen/Kleben/ Abheften**	■ **Konflikmanagement**
etc.	**etc.**	**etc.**

Abb. 18

hört und argumentiert, diskutiert und debattiert, erläutert und erklärt, Kritik geübt und diszipliniert, Konsens gesucht und Konsens gefunden. Wer wollte bestreiten, dass ein derartiges Interaktionsgeschehen lernrelevant wie lebensrelevant ist. So gesehen ist die anvisierte Gruppen- und Partnerarbeit im Rahmen der je anstehenden Lern- bzw. Arbeitsinseln ganz gewiss ein wichtiges und chancenreiches soziales Lernfeld.

■ *Förderung von Mitverantwortung*

Durch die vielfältigen aktiven und interaktiven Lernhandlungen, die die Schülerinnen und Schüler in ihren Arbeitsprozessen vollziehen, lernen sie gleich in zweierlei Hinsicht Verantwortung zu übernehmen. Einmal üben sie sich in puncto Selbstverantwortung, indem sie eigenständig arbeiten, markieren, exzerpieren, Probleme lösen etc. Und zum zweiten übernehmen sie ein gutes Stück Mitverantwortung in ihrer jeweiligen Arbeitsgruppe, indem sie auf ein gemeinsames Ergebnis hinsteuern und einzelnen Mitschülerinnen und -schülern hier und dort womöglich auch helfen. Voraussetzung für diese ausgeprägte Verantwortungsübernahme der Schülerinnen und Schüler ist allerdings, dass die zuständige Lehrkraft hinreichend zurücktritt und den Schülerinnen und Schülern im besten pädagogischen Sinne Selbst- und Mitverantwortung zumutet. Denn Selbst- und Mitverantwortung lernt man nicht abstrakt, sondern nur, indem man sie praktiziert. Dass viele Lehrkräfte andererseits mit dieser Verantwortungsdelegation noch so ihre Schwierigkeiten haben, ist ein offenes Geheimnis. Schließlich sind sie im Rahmen ihrer Ausbildung in aller Regel viel zu wenig ermutigt und qualifiziert worden, Verantwortung und Selbstmanagement an die Schülerinnen und Schüler zu übertragen. Deshalb wird vielfach nach wie vor zu eng geführt und instruiert, beraten und geholfen, belehrt und korrigiert, Kontrolle ausgeübt und Verantwortung für alle und jeden übernommen. Keine Frage: Das muss sich ändern; und das kann sich ändern! Das skizzierte eigenverantwortliche Arbeiten ist in dieser Hinsicht ein wichtiges und wirksames Übungsfeld. Die Schülerinnen und Schüler sind vom Grundsatz her verantwortlich für die Zeitplanung wie für die Arbeitsorganisation, für die Materialauswertung wie für die Strategieplanung, für die Zusammenarbeit in der Gruppe wie für das Erstellen spezifischer Lernprodukte, für die Ergebnissicherung wie für die Ergebnispräsentation, für die Selbstkontrolle wie für die Fremdkontrolle. Dieser keineswegs vollständige Katalog der von den Schülerinnen und Schülern zu übernehmenden Verantwortlichkeiten macht deutlich, wie sehr im Rahmen von »EVA« Selbst- und Mitverantwortung geübt und gelernt werden kann.

■ *Förderung von Kreativität*

Die letzte Lernebene, die hier angesprochen werden soll, betrifft die Anforderungen und Herausforderungen, die »EVA« für die Schülerinnen und Schüler in puncto Kreativität und Flexibilität mit sich bringt. Eigenverantwortliches Arbeiten und Lernen verlangt nämlich über weite Strecken, dass gangbare Wege gesucht, Alternativen durchdacht und diskutiert, ausgewählte Strategien durchgespielt, Schwierigkeiten überwunden, unterschiedliche Meinungen zum Ausgleich gebracht, verschiedene Ideen zugelassen und geprüft, Konzeptionen entwickelt und verworfen, anstehende Probleme so oder so gelöst werden. Das alles fördert natürlich Kreativität und Flexibilität, Durchhaltevermögen und Frustrationstoleranz, Selbstkritikbereitschaft und Selbstkritikfähigkeit, geistige Beweglichkeit und Improvisationsvermögen, Toleranz und Kontroversität. Selbstverständlich hängt das Ausmaß dieser Anforderungen vom jeweiligen Lernarrangement ab, das die Schülerinnen und Schüler eigenverantwortlich auszugestalten haben. Bei Rollenspielen und

Planspielen sind für Kreativität und Improvisation in aller Regel relativ große Spielräume gelassen, bei anderen Aufgaben sind die Arbeitsabläufe und/oder die Problemlösungsalgorithmen dagegen unter Umständen recht eng reglementiert und vorbestimmt. Darüber hinaus hängt das Ausmaß der kreativen Spielräume natürlich immer auch davon ab, wie alt die Schülerinnen und Schüler sind und welche Übung sie im Umgang mit offenen Lern- und Problemsituationen haben. Ungeachtet dieser Relativierungen steht jedoch fest: Kreativität und Offenheit gehören zum hier anvisierten eigenverantwortlichen Arbeiten und Lernen wie das Salz zur Suppe. Von daher können die Schülerinnen und Schüler in diesem Unterricht ganz sicher im Hinblick auf kreatives, problemlösendes Denken und Arbeiten eine ganze Menge lernen, was ihnen späterhin im Privatleben wie im Beruf nur von Vorteil sein kann. Sie lernen sich durchzuwursteln und nicht aufzugeben, sich selbst zu helfen und andere zu inspirieren, Probleme zu erfassen und Probleme zu lösen, in Alternativen zu denken und alternative Wege auszuprobieren, experimentell zu arbeiten und Fehler zu wagen, Fehler zu korrigieren und Risiken zu minimieren, Strategien zu planen und Strategien zu optimieren. Wer wollte bestreiten, dass in dieser Hinsicht im tradierten (belehrenden) Unterricht in aller Regel viel zu wenig ermöglicht und erreicht wurde und wird?!

3.1.5 »EVA« bietet Entlastungschancen für Lehrerinnen und Lehrer

Die Intensivierung des eigenverantwortlichen Arbeitens und Lernens bringt indes nicht nur Vorteile und verbesserte Lernchancen für die Schülerinnen und Schüler, sondern eröffnet auch und zugleich beträchtliche Entlastungsperspektiven für die betreffenden Lehrkräfte. Das geht aus Abbildung 19 überblickhaft hervor. Die eigentliche Quelle dieser Entlastung ist die erwähnte Steigerung der Motivation, Konzentration und Arbeitsdisziplin auf Schülerseite, die dem Umstand zu verdanken ist, dass der anvisierte Unterricht den latenten oder manifesten Lernbedürfnissen der Schülerinnen und Schüler vergleichsweise stark Rechnung trägt. Zu diesen Lernbedürfnissen gehört unter anderem das Verlangen nach praktischem Tun und kreativem Arbeiten, nach Spaß und Spiel, nach Kommunikation und sozialem Miteinander, nach Forschen und Entdecken, nach Lernerfolg und konkreter Anerkennung. Zugleich begünstigt diese Art des Lernens eine relativ entspannte, von konzentrierter und disziplinierter Arbeit gekennzeichnete Lernatmosphäre, die sich viele Lehrkräfte nicht nur sehnlichst wünschen, sondern die sie in vielen Fällen auch dringlich brauchen, wenn sie dem Damoklesschwert des grassierenden Burn-out erfolgreich entgehen wollen. Damit jedoch keine Missverständnisse entstehen: »EVA« ist de facto weder ein universelles Heilmittel gegen die vielseitigen Widrigkeiten und Belastungen des Schulalltags noch sind alle Schülerinnen und Schüler gleich entzückt, wenn sie eigenständig und eigenverantwortlich arbeiten und lernen dürfen. Manche Schülerinnen und Schüler artikulieren durchaus ihre Vorbehalte und Widerstände, da »EVA« immer auch mit Unsicherheit und anstrengenden Lerntätigkeiten verbunden ist. Diese Vorbehalte und Widerstände verlieren sich erfahrungsgemäß jedoch in dem Maße, wie die Schülerinnen und Schüler mit den neuen Methoden und Anforderungen vertraut werden und die Erfahrung sammeln, dass diese Art der Unterrichtsarbeit vergleichsweise interessant und kurzweilig ist. Von daher ist eine gewisse Geduld und Ausdauer auf Lehrerseite erforderlich, damit die Schülerinnen und Schüler diese Erfahrung und Erkenntnis sammeln können. Die in den vorangehenden Abschnitten angeführten Überlegungen und Argumente sollten den Lehrkräften diesbezüglich die nötige Standfestigkeit und Überzeugungskraft vermitteln.

Dass sich eine Intensivierung des eigenverantwortlichen Arbeitens und Lernens für die verantwortlichen Pädagogen auf jeden Fall auszahlt, zeigen die Schlagworte in der rechten Spalte von Abbildung 19. Durch die konsequente Delegation von Verantwortung an die Schülerinnen und Schüler und die Organisation lern- und motivationsfördernder Arbeitsinseln reduziert sich ganz zwangsläufig das erdrückende Übermaß an Verantwortlichkeiten, das die meisten Lehrkräfte von ihrem traditionellen Rollenverständnis her auf sich nehmen, ja häufig geradezu an sich ziehen. Fakt ist nämlich, dass sich das Gros der Lehrerinnen und Lehrer im Schulalltag für nahezu alles und jeden verantwortlich fühlt und deshalb von den Schülerinnen und Schülern auch entsprechend offensiv für alles verantwortlich gemacht wird, was im Unterricht passiert und an Störungen und Lernproblemen auftritt. Versteht z. B. eine Schülerin oder ein Schüler eine Aufgabe, eine Frage oder ein Informationsmaterial nicht gleich auf Anhieb, wird die zuständige Lehrkraft nur zu oft mit dem höchst wirksamen Impuls »Das kapiere ich nicht« zum Rotieren gebracht und häufig auch so verunsichert, dass sich ein schlechtes Gewissen und/oder ein subtiler Zorn auf die »unfähigen Schülerinnen und Schüler« aufbauen. Den Schülerinnen und Schülern darf ob dieser Strategie nicht einmal ein Vorwurf gemacht werden, denn sie haben in jahrelanger schulischer Arbeit gelernt, dass die Lehrkräfte nicht nur alles (besser) wissen, sondern sich auch für alles und jeden verantwortlich wähnen. Von daher bieten sich die betreffenden Lehrkräfte als Projektionsflächen geradezu an und werden denn auch mit vielfältigen Schuldzuweisungen von Seiten der Schülerinnen und Schüler bedacht. Versteht eine Schülerin oder ein Schüler etwas nicht, ist in aller Regel die Lehrkraft Schuld, auch wenn der Unterricht gut, anschaulich und schülergemäß über die Bühne gegangen ist (natürlich kann er auch schlecht gelaufen sein; dann sieht die Situation anders aus). Oder schreibt z. B. eine Schülerin oder ein Schüler eine schlechte Klassenarbeit, dann wird fast automatisch der Lehrkraft der Schwarze Peter nach dem Motto zugeschoben: »Der/die hat den Stoff nicht richtig durchgenommen«. Oder fühlt sich eine Schülerin oder ein Schüler durch eine Mitschülerin oder einen Mitschüler in irgendeiner Weise gestört, so ergeht prompt die Aufforderung an die zuständige Lehrkraft, diese Störung doch bitte abzustellen. Oder ist es im Unterricht zu laut, so wird auch dafür in aller Regel die jeweilige Lehrkraft verantwortlich gemacht. Diese intuitiven Projektionsstrategien der Schülerinnen und Schüler sind ein durchaus verständlicher Reflex auf das von Omnipotenz und Omnipräsenz gekennzeichnete Bild, das die meisten Lehrkräfte im Unterricht von sich abgeben, und das sie im Zuge ihrer Ausbildung und ihres Berufslebens in gewisser Weise auch internalisiert haben. Nur, die Konsequenzen sind fatal. Denn die Schülerinnen und Schüler entlasten sich auf ihre Art, und die Lehrkräfte geraten mehr und mehr in eine chronische Überforderungssituation, in der sich Selbstzweifel, Resignation und andere Burn-out-Symptome häufen. Gerade in einer Zeit, in der die Schülerpopulation immer heterogener und in gewisser Weise auch immer schwieriger wird (vgl. Abschnitt 3.1.1), ist der skizzierte Trend für alle Beteiligten höchst fatal und belastend.

Entlastung ist also angesagt, und zwar sowohl im Interesse der Lehrerinnen und Lehrer als auch im Interesse eines erfolgreicheren Unterrichts. Der in diesem Aufsatz vorgestellte Ansatz ist ein Angebot und eine Chance in dieser Richtung. »EVA« impliziert nämlich Verantwortungsdelegation und damit eine gewisse Befreiung von den übermächtigen Ansprüchen und den häufig allzu bequemen Schuldzuweisungen der Schüler-

Chancen für Schüler/- wie Lehrer/innen

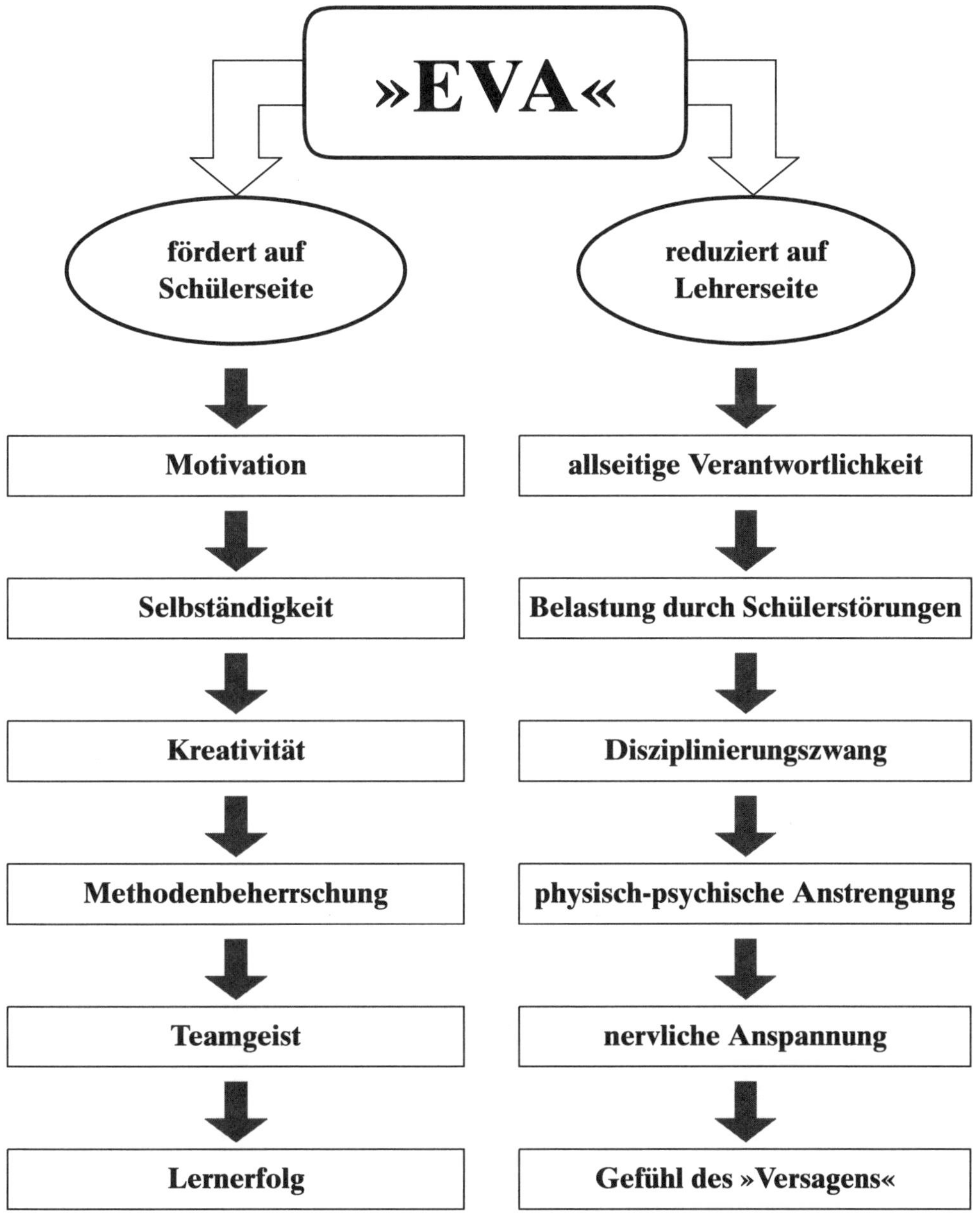

Dr. Heinz Klippert

Abb. 19

innen und Schüler an die Adresse der Lehrkräfte. Das ist zwar keine generelle Entschuldigung für unzulänglichen Unterricht und erübrigt keineswegs das selbstkritische Nachdenken der verantwortlichen Lehrkräfte. Gleichwohl verbindet sich mit »EVA« insofern ein gewichtiges Stück Entlastung, als die Selbst- und Mitverantwortung der Schülerinnen und Schüler integraler Bestandteil des anvisierten Unterrichts ist. Dies zu wissen, tut nicht nur den betreffenden Lehrkräften gut, sondern es führt über kurz oder lang auch auf Schülerseite zu einem entsprechenden Gesinnungs- und Einstellungswandel, der diszipliniertes und konstruktives Arbeiten im Unterricht begünstigt. Letzteres wird darüber hinaus natürlich auch dadurch gefördert, dass das aktive und interaktive Lernen im Rahmen des hier anvisierten Unterrichts den Schülerinnen und Schülern ein vergleichsweise hohes Maß an Selbstbestätigung und greifbaren Erfolgserlebnissen gewährleistet. Und das wiederum trägt dazu bei, dass die Schülerstörungen tendenziell weniger, die Disziplinierungszwänge geringer und die aus alledem resultierenden physischen, psychischen und nervlichen Belastungen für die Lehrkräfte abgebaut werden. Noch mal: »EVA« garantiert gewiss kein problemloses Lehrerleben, aber die skizzierten Entlastungsperspektiven sind ganz ohne Zweifel gegeben. Nur müssen sie im Schulalltag konsequenter als bisher wahrgenommen werden. Auf diesem Wege ließe sich nicht zuletzt das in Abbildung 19 angeführte »Gefühl des Versagens«, das viele Lehrkräfte bekanntlich beim näheren Nachdenken über den Schulalltag beschleicht und belastet, ein Stück weit abbauen. Berechtigt und wohltuend wäre das gewiss. Voraussetzung ist allerdings, dass das skizzierte eigenverantwortliche Arbeiten und Lernen der Schülerinnen und Schüler möglichst konsequent organisiert, moderiert und kultiviert wird. Die eingangs angesprochenen Reforminitiativen an unseren Schulen machen Mut und bestätigen allenthalben, dass es sich lohnt, in die skizzierte Richtung zu gehen und möglichst viele »Lerninseln« für Lehrerinnen und Lehrer wie Schülerinnen und Schüler aufzubauen, die mit dem Konzept »EVA« im Vollzug und im Detail vertraut machen.

3.2 Methodentraining mit Schülerinnen und Schülern – Anregungen zur Vermittlung elementarer Lern- und Arbeitstechniken

Freiarbeit, Wochenplanarbeit, Stationenarbeit, Projektarbeit, Gruppenarbeit, Befragungen, Erkundungen und andere Formen des offenen Unterrichts sind letztlich zum Scheitern verurteilt, wenn den Schülern die entsprechenden methodischen Strategien und Routinen fehlen. Denn egal, ob die Schüler selbständige Aufgaben zu bearbeiten, Texte zu erschließen oder einschlägige Informationen nachzuschlagen haben; egal, ob sie Tabellen, Diagramme, Tafelbilder, Lernkarten, Heftseiten, Plakate oder Wandzeitungen zu erstellen haben; egal, ob sie freie Texte zu schreiben, Facharbeiten zu verfassen oder Klassenarbeiten vorzubereiten haben; egal, ob sie einen Arbeitsprozess zu planen, die Zeit einzuteilen oder den häuslichen Arbeitsplatz sinnvoll zu organisieren haben; egal auch, ob sie einen kleinen Vortrag zu halten, ein Interview zu führen, überzeugend zu argumentieren, ein Gespräch zu leiten oder konstruktiv in Gruppen zu arbeiten haben – stets müssen ihnen die betreffenden Methoden geläufig sein. Das aber setzt möglichst intensive Übung, Reflexion und Routinebildung voraus. Ansonsten besteht die Gefahr, dass die Öffnung des Unterrichts für die Mehrzahl der Schüler zur chronischen Überforderung wird.

3.2.1 Kleinschrittige Methodenschulung

Die angedeuteten Varianten des eigenverantwortlichen Arbeitens und Lernens (EVA) setzen auf Schülerseite ein hohes Maß an Methodenkompetenz voraus. Ohne einschlägige Lern- und Arbeitstechniken sind viele Schülerinnen und Schüler schlicht überfordert, wenn sie auf sich allein gestellt arbeiten sollen. Dieser enge Konnex von Offenem Unterricht und Methodenkompetenz der Schülerinnen und Schüler ist in der Vergangenheit oft sträflich übersehen worden. Was damit im Einzelnen gemeint ist, geht aus Abbildung 20 hervor. Danach meint Methodenkompetenz einerseits das Vertrautsein mit grundlegenden *Makromethoden* wie Projektarbeit, Wochenplanarbeit, Referat etc., andererseits das Beherrschen elementarer Mikromethoden – angefangen beim simplen Markieren und Exzerpieren von Texten über das Strukturieren und Visualisieren von Lernergebnissen bis hin zum Anfertigen von Mitschriften und Protokollen.

Das aber setzt möglichst intensives Methodenlernen voraus. Denn es ist einfach illusorisch zu meinen, dass sich die nötige Methodenbeherrschung auf Schülerseite schon von selbst einstellt, wenn man die Schülerinnen und Schüler nur gewähren oder selbständig arbeiten lässt. Zumindest die unsicheren, unselbständigen, phlegmatischen und/oder leistungsschwächeren Schülerinnen und Schüler, die sich in unseren Klassen in aller Regel sehr zahlreich finden, sind erfahrungsgemäß hochgradig darauf angewiesen, dass die grundlegenden methodischen Skills ganz konkret und kleinschrittig eingeübt werden. Aber auch die leistungsstärkeren Schülerinnen und Schüler profitieren durchaus davon, wenn das methodenzentrierte Arbeiten und Üben im Unterricht forciert wird. Für eine verstärkte Methodenschulung im Unterricht sprechen zusammenfassend die folgenden Gründe und Überlegungen:

- ❑ Viele Schülerinnen und Schüler sind beim Lernen unsicher und/oder überfordert, weil ihnen die nötigen methodischen Klärungen und Routinen (Algorithmen) fehlen.
  Die Lernmethoden im Unterricht sind in aller Regel »Lehrer-Methoden«, d. h. die Lehrerinnen und Lehrer bahnen den methodischen Weg für ihre Schülerinnen und Schüler. Kein Wunder also, dass viele Schülerinnen und Schüler recht hilflos sind, wenn die gewohnte Lehreranweisung fehlt und sie in eigener Regie arbeiten müssen.
- ❑ Die gelegentliche Methodenbelehrung durch die Lehrkräfte bewirkt wenig, da sie letztlich mehr oder weniger abstrakt und appellativ bleiben muss. Methoden müssen experimentell im Wege des learning by doing eingeübt werden; sie können erfahrungsgemäß nur sehr begrenzt »gelehrt« werden.
- ❑ Hinzu kommt, dass dem Methodenlernen in den Lehrplänen, den Schulbüchern und in der Lehrerbildung bislang nur wenig Aufmerksamkeit geschenkt wird. Das hat zur Folge, dass die Methodenschulung im Unterricht in aller Regel stark vernachlässigt wird.
- ❑ Andererseits sind sich Bildungsexperten aller Couleur darin einig, dass die Methoden- und die Sozialkompetenz relativ zur Fachkompetenz immer stärker an Bedeutung gewinnen, da die Halbwertzeit des Fachwissens dramatisch sinkt und daher die Fähigkeit zur selbständigen Informationsbeschaffung in Einzel- und/oder Gruppenarbeit immer wichtiger wird.
- ❑ Fazit also: Die Methodenschulung muss im Unterricht deutlich ausgebaut werden, d. h., methodenzentrierte Übungen und Klärungen müssen phasenweise zum Lerngegenstand werden – teils im Rahmen mehrtägiger Intensivkurse, teils im Rahmen des normalen Fachunterrichts.

Methodenkompetenz
(i.e.S.)

Vertrautsein mit komplexeren methodischen Abläufen **(Makromethoden)**	Beherrschen elementarer Lern- und Arbeitstechniken **(Mikromethoden)**
Gruppenarbeit	**markieren**
Wochenplanarbeit	**rasch lesen**
Stationenarbeit	**rasch nachschlagen**
Arbeit mit Lernkartei	**Fragen formulieren**
Projektmethode	**strukturieren**
Metaplanmethode	**Heft gestalten**
Referat/Facharbeit	**Protokoll führen**
Planspielmethode	**gliedern/ordnen**
Zukunftswerkstatt	**Notizen machen**
Hearing/Debatte	**Kartei anlegen**
Fall-/Sozialstudie	**memorieren**

Abb. 20

3.2.2 Methodentraining und Methodenpflege

Kennzeichnend für das hier anvisierte Methodentraining ist, dass das Einüben elementarer Lern- und Arbeitstechniken ins Zentrum der Unterrichtsarbeit rückt und phasenweise Vorrang vor der Stoffvermittlung erhält. Welche Trainingsschwerpunkte dabei in Frage kommen, geht überblickshaft aus Abbildung 21 hervor (vgl. dazu das Trainingshandbuch Klippert, 1994). Das Unterrichtsgeschehen kreist in den betreffenden Phasen also vorrangig um das methodische Vorgehen der Schülerinnen und Schüler, um ihre Unsicherheiten und Defizite, ihre positiven Ansätze und ihre potentiellen Möglichkeiten zur Verbesserung der eigenen Arbeitsmethodik. Dementsprechend werden Experimente durchgeführt, methodische Strategien erprobt und verglichen, auftretende Probleme besprochen, Regeln erarbeitet, persönliche Tips ausgetauscht und besprochen sowie von Lehrerseite natürlich auch konkrete Anregungen gegeben. Diese intensive Methodenklärung findet teils in mehrtägigen »Crashkursen« statt, teils im Rahmen des normalen Fachunterrichts, in dem zum je anstehenden Thema verstärkt methodenzentrierte Übungen und Reflexionen durchgeführt werden. Charakteristisch für die erstgenannten Crashkurse ist, dass die Schülerinnen und Schüler in der Regel über eine ganze Woche hinweg exklusiv Methodentraining erleben und vielfältige Übungen durchführen und auswerten, die systematisch aufeinander aufbauen und eine recht intensive Klärung und Routinebildung in methodischer Hinsicht ermöglichen. Während dieser Intensivtrainings (*Sockeltrainings*) sind die Inhalte weitgehend variabel und die methodischen Schwerpunkte sind fix. Da geht es dann z. B. um Lesetechniken, Markierungstechniken, Fragetechniken, Nachschlagetechniken, Strukturierungstechniken, Visualisierungstechniken, Mnemotechniken, Planungstechniken und manches andere mehr. Im Vordergrund dieser Trainingsarbeit stehen ausgewählte Trainingsspiralen. Kennzeichnend für diese Trainingsspiralen ist, dass die Schülerinnen und Schüler ein je spezifisches Methodenfeld in mehreren Arbeitsetappen erschließen und auf diesem Wege eine Reihe wichtiger methodischer Fragen und Strategien klären. Als zentrale Ansatzpunkte für ein Wochentraining haben sich die folgenden *Trainingsspiralen* bewährt: Effektiver lernen und behalten, Rasch lesen und nachschlagen, Markieren und exzerpieren, Gestalten und visualisieren, Arbeits- und Zeitplanung, Klassenarbeiten vorbereiten.

Der Zeitbedarf pro Trainingsspirale beträgt zwischen vier Stunden und zwei Tagen, je nachdem, wie viele Übungen und Reflexionen hintereinander geschaltet werden. Zur Trainingsspirale »Klassenarbeiten vorbereiten« erhalten die Schülerinnen und Schüler z. B. zunächst Gelegenheit, persönliche Assoziationen bzw. Reizwörter zum Thema »Klassenarbeiten« aufzuschreiben und sich in mehreren Zufallsgruppen darüber auszutauschen. Dann bekommen sie die Aufgabe, einige wichtige Tips und Tricks zum effektiven Vorbereiten von Klassenarbeiten in neuerlichen Zufallsgruppen zusammenzutragen und mittels kleiner Kärtchen an der Tafel oder an einer Seitenwand des Klassenraums zu visualisieren und den Mitschülern gegenüber zu erläutern. Auf diese Weise entsteht eine Landschaft mit mehr oder weniger durchdachten und hilfreichen Empfehlungen. In einer dritten Arbeitsetappe wird dieser Erfahrungsschatz nunmehr überprüft und erweitert durch die Bereitstellung eines vierseitigen Informationstextes mit wichtigen Instruktionen und Tips zur besagten Vorbereitungsarbeit, die es auf einem großen Plakat zusammenzufassen und möglichst anschaulich zu visualisieren gilt. Die so erstellten Plakate werden anschließend von ausgelosten Gruppensprechern im Plenum vorgestellt

Überblick über das Trainingsprogramm

Nachdenken über Lernen – ein Propädeutikum

- ❒ Schülerbefragung mit Auswertung
- ❒ Problemorientierte Karikaturen-Rallye
- ❒ Würfelspiel zum Thema Lernen
- ❒ Lerntypen-Test
- ❒ Rätselhaftes zum Thema Lernen
- ❒ Lerntips entdecken und klären
- ❒ lückenhafte Lernstrategien
- ❒ Übungen zur Selbst-Motivation
- ❒ Schüler als Lernberater . . .

Methode der Informationsbeschaffung und -erfassung

- ❒ Übungen zur Förderung des Lesetempos
- ❒ Übungen zum systematischen/ verständnisvollen Lesen
- ❒ markieren und unterstreichen
- ❒ zusammenfassen/strukturieren/exzerpieren
- ❒ arbeiten mit Nachschlagewerken
- ❒ das kleine ABC des Fragens
- ❒ Streifzug durch die Bibliothek

Methoden der Informationsverarbeitung und -aufbereitung

- ❒ handwerkliche Grundtechniken festigen
- ❒ Arbeitsmittel im Überblick
- ❒ Beiträge im Heft gestalten
- ❒ Diagramme und Tabellen entwerfen
- ❒ Visualisieren im Klassenraum
- ❒ Schreiben mit Methode und Übersicht
- ❒ das Einmaleins des »wissenschaftlichen Arbeitens«

Methoden der Arbeits-, Zeit- und Lernplanung

- ❒ Planvolle Prüfungsvorbereitung
- ❒ Methoden zur Steigerung der Gedächtnisleistung
- ❒ Strategische Übungen zu den Hausaufgaben
- ❒ Das kleine Einmaleins der Zeitplanung
- ❒ Übungen zur Arbeitsplanung
- ❒ Übungsbausteine zur Verbesserung der Problemlösungsfähigkeit . . .

Abb. 21

und bei Bedarf näher diskutiert und kommentiert. Für diese drei ersten Arbeitsetappen sind 4–5 Unterrichtsstunden zu veranschlagen. Hinzu kommt dann noch eine vierte größere Arbeitsetappe, die zur differenzierten Vorbereitung einer real anstehenden Klassenarbeit dient. Diese Klassenarbeit wird nach allen Regeln der Kunst vorbereitet, d. h., es werden Spickzettel erstellt und z. B. im Doppelkreis erläutert (zum Doppelkreis vgl. Klippert 1995); es werden Übungstests vorbereitet und bearbeitet, Frage-Antwort-Spiele durchgeführt, Lernplakate gestaltet, Kurzvorträge zu ausgewählten Themen in Kleingruppen und/oder im Plenum gehalten, Lernkärtchen für die themenzentrierte Lernkartei erstellt und anderes mehr. Mit dieser aktiven Übungs- und Wiederholungsarbeit lässt sich leicht ein ganzer Schulvormittag sinnvoll ausfüllen. Die Chance, dass die Schülerinnen und Schüler nach diesem learning by doing ihre Klassenarbeiten bewusster und durchdachter vorbereiten, ist auf jeden Fall ungleich größer als wenn sie zum besagten Thema nur »herumwursteln« und/oder vom Lehrer lediglich einige allgemeine Hinweise erhalten. Ähnliche Übungsfolgen lassen sich zu den anderen genannten Trainingsspiralen zusammenstellen. Zur Trainingsspirale »Visualisieren und Gestalten« gehören z. B. solche Übungen wie ⇨ Heftseite neu gestalten, ⇨ Mindmap erstellen, ⇨ Tabellen und Schaubilder erstellen, ⇨ Plakat gestalten, ⇨ Folien gestalten und anderes mehr. Auch für diese Übungs- und Klärungsarbeit ist mindestens ein Schulvormittag zu veranschlagen, damit sich die Schülerinnen und Schüler intensiv und vielschichtig genug darin üben können, die je relevanten Informationen durchdacht und anschaulich zu visualisieren. Denn erst durch ein relativ kontinuierliches, redundantes Arbeiten gelangen sie erfahrungsgemäß zu jener methodischen Sicherheit, aus der heraus mit der Zeit methodische Routine und Souveränität erwachsen kann. Nötig ist darüber hinaus aber auf jeden Fall noch eine möglichst konsequente und regelmäßige »Methodenpflege« im ganz normalen Fachunterricht unter Beteiligung möglichst vieler Fachlehrerinnen und -lehrer.

Dieses Zusammenspiel von »Methodentraining« und »Methodenpflege« gelingt erfahrungsgemäß umso besser, je größer das Stundendeputat der methodisch interessierten und ambitionierten Lehrkräfte in der betreffenden Klasse ist und je konsequenter und konzertierter diese ihre Schülerinnen und Schüler in methodischer Hinsicht fordern und fördern können. Wie ein derartiges fächerübergreifendes Methodentraining im Schulalltag organisiert werden kann, zeigen die in Abbildung 22 zusammengefassten Erfahrungswerte, die sich aus der Erprobungsarbeit in diversen »Modellschulen« in Rheinland-Pfalz sowie in der Stadt München ableiten lassen.

Fächerübergreifende Intensivkurse der skizzierten Art allein genügen freilich nicht. Hinzu kommen muss zwingend die bereits erwähnte Methodenpflege im Fachunterricht. Ansonsten besteht die Gefahr, dass die Schülerinnen und Schüler das erworbene Methodenrepertoire sehr schnell wieder vergessen. Kennzeichnend für die anvisierte Methodenpflege ist, dass die zuständigen Fachlehrerinnen und Fachlehrer ein verstärktes Augenmerk auf die spezifischen Lern- und Arbeitstechniken richten, die sich in Verbindung mit dem jeweiligen Fachthema üben und festigen lassen. Diese Lern- und Arbeitstechniken werden im Fachunterricht möglichst oft und möglichst gezielt aufgegriffen, praktisch durchgespielt und (selbst-)kritisch reflektiert. Das Methodenlernen wird also phasenweise zum Lerngegenstand. Auf diese Weise können sich die Schülerinnen und Schüler recht intensiv methodisch vergewissern und die praktizierten methodischen Verfahrensweisen soweit verinnerlichen, dass sie zur angestrebten methodischen Routine gelangen.

Methodentraining als Wochenkurs

– Einige Anregungen für die praktische Trainingsarbeit –

➡ Die besagten Wochenkurse können in verschiedenen Jahrgangsstufen vorgesehen und durchgeführt werden. Auf jeden Fall empfiehlt sich im Bereich der Sekundarschulen ein fächerübergreifender Crashkurs in der 5. Jahrgangsstufe, der die Schülerinnen und Schüler mit ganz elementaren Ordnungs-, Lern- und Arbeitstechniken vertraut macht. Bewährt hat sich darüber hinaus ein Intensivtraining auf höherem Niveau in der 11. Jahrgangsstufe, in dessen Mittelpunkt die Klärung wissenschaftspropädeutischer Methoden und Verfahrensweisen steht (Referatgestaltung, Bibliotheksnutzung, Anfertigen einer Facharbeit, anfertigen von Mitschriften, Visualisierungs- und Präsentationstechniken etc.). Selbstverständlich kann auch zwischendurch noch der eine oder andere Trainingstag zur Behebung auftretender Defizite eingelegt werden.

➡ Zuständig für die Vorbereitung und Moderation der Trainingswochen sind in aller Regel Lehrerteams, bestehend aus zwei bis drei methodisch interessierten und engagierten Lehrkräften pro Klasse. Diese Lehrkräfte sollten in ihrer jeweiligen Klasse möglichst viele Wochenstunden unterrichten (zusammengenommen 15 Stunden plus x), damit sie ihre Schülerinnen und Schüler in methodischer Hinsicht eingehend »prägen« können und während der Wochenkurse möglichst wenig vertreten werden müssen. Dieser Gesichtspunkt ist bei der alljährlichen Lehrereinsatzplanung und bei der Gestaltung der Stundentafeln sorgfältig zu berücksichtigen.

➡ Die besagten »Kernlehrerinnen und -lehrer« bereiten das Wochenprogramm gemeinsam vor und moderieren die vorgesehenen Trainingsspiralen im Wechsel, und zwar tageweise, d.h., pro Tag ist jeweils nur eine Lehrkraft zuständig und kann von daher die einzelnen Übungen relativ geduldig und flexibel moderieren und auswerten lassen. Das begünstigt sowohl das Lernklima als auch die Lernintensität. Teamteaching wird dadurch selbstverständlich nicht ausgeschlossen, sondern ist sogar erwünscht. Auch Hospitationen anderer Lehrkräfte sind grundsätzlich gern gesehen.

➡ Zur Vorbereitung des Wochentrainings ziehen sich die zuständigen Lehrerteams für 1 bis 2 Tage in Klausur zurück (zumindest beim ersten Mal), um zum einen die einzelnen Übungen und Übungsfolgen für die Trainingswoche auszuarbeiten und sich zum anderen darüber klar zu werden, wie der vorgelagerte Elternabend gestaltet werden soll. Diese Vorbereitungsarbeit gilt als »selbstorganisierte Fortbildung«. Als Hilfe und Materialfundgrube für die zu planende Übungsarbeit stehen den Teams die im Anhang angeführten Trainingshandbücher des Verfassers zur Verfügung.

➡ Das Wochentraining selbst kann in einem separaten Raum der Schule stattfinden oder z. B. auch ins Landschulheim oder in eine andere geeignete kommunale Einrichtung bzw. Bildungsstätte verlegt werden. Letzteres gilt vor allem für den wissenschaftspropädeutischen Crashkurs, der für die 11. Jahrgangsstufe vorgesehen ist (s. oben). Auf jeden Fall sollten Räumlichkeiten zur Verfügung stehen, die ganztägig genutzt werden können und möglichst abgeschieden liegen – am besten fernab des Klingelzeichens und des üblichen Pausentrubels.

 Abb. 22

Wie diese gezielte *Methodenpflege* im Fachunterricht aussehen kann, zeigen die nachfolgenden Ansatzpunkte zum Thema »Arbeitslosigkeit«:

- ❑ Die Schülerinnen und Schüler erstellen auf der Basis vorgegebener empirischer Daten einschlägige *Tabellen* und *Schaubilder* zur Veranschaulichung spezifischer Gegebenheiten und Entwicklungen auf dem Arbeitsmarkt.
- ❑ Sie *markieren* in einem umfangreicheren Informationstext die darin angeführten Ursachen der Arbeitslosigkeit, indem sie sich der »Drei-Schritt-Methode« bedienen (den Text überfliegen ⇨ mit Bleistift vormarkieren ⇨ mit Textmarker und rotem Stift differenziert markieren).
- ❑ Sie *schlagen* im Schulbuch, in Broschüren oder in sonstigen Leitmaterialien lernrelevante Informationen *nach* und/oder klären spezifische Fachbegriffe zum Themenfeld Arbeitslosigkeit mit Hilfe des Lexikons.
- ❑ Sie erstellen auf der Basis ihres Vorwissens oder unter Heranziehung einschlägiger Informationsmaterialien persönliche *»Mindmaps«* zu den psychosozialen und sonstigen Auswirkungen der Arbeitslosigkeit auf Seiten der Arbeitslosen und ihrer Familien.
- ❑ Sie entwickeln einen *Fragebogen* für eine Bürgerbefragung zum Thema »Arbeitslosigkeit« und führen auf dieser Grundlage gezielte Interviews z. B. in der Fußgängerzone durch und *protokollieren* die dabei ermittelten Argumente.
- ❑ Sie erstellen unter Zugrundelegen einschlägiger Informationsmaterialien einen übersichtlichen *»Spickzettel«* zu den beschäftigungspolitischen Ansatzpunkten in der Bundesrepublik und halten anschließend in kleinen Gesprächszirkeln entsprechende Kurzvorträge.
- ❑ Sie *visualisieren* die Angebote und Leistungen des Arbeitsamtes in Form eines großen Plakats und stellen dieses unter dem Thema »Was ein Arbeitsloser vom Arbeitsamt erwarten kann ...« im Plenum vor.
- ❑ Sie fertigen zu einem kompakten Lehrervortrag und/oder zu einem eingespielten Informationsfilm eine möglichst hilfreiche *Mitschrift* an und optimieren die entstehenden Mitschriften in Kleingruppen.
- ❑ Sie erstellen *Frage-Antwort-Kärtchen* mit wichtigen Schlüsselfragen zur Wiederholung des anstehenden Lernstoffes und bereiten damit eine Lernkartei vor, die als Grundlage für Quiz-Spiele oder zur Vorbereitung der nächsten Klassenarbeit dienen kann.
- ❑ Sie entwickeln in Kleingruppen einen *Übungstest* zum Gesamtkomplex »Arbeitslosigkeit« mit möglichst »intelligenten« und differenzierten Aufgaben und geben diesen zwecks Bearbeitung an eine andere Gruppe weiter (und umgekehrt).

Diese Übungspalette ist weder vollständig noch ergibt sie in der Summe eine ausgefeilte Unterrichtseinheit. Wohl aber zeigt sie exemplarisch, wie vielfältig die methodenzentrierten Übungsmöglichkeiten sind, die sich im Fachunterricht zu den unterschiedlichsten Themen finden und einsetzen lassen, wenn nur bei der Unterrichtsvorbereitung dezidiert danach gesucht wird.

3.2.3 Ausgewählte Trainingsspiralen

Unter Trainingsspirale wird hier das mehrstufige Sich-Hineinarbeiten der Schülerinnen und Schüler in eine bestimmte Methode verstanden. Oder anders ausgedrückt: Die Schülerinnen und Schüler durchlaufen unterschiedliche, sich ergänzende Übungen/Arbeitsphasen, die ihnen Gelegenheit geben, sich sukzessive mit der betreffenden Methode vertraut zu machen. Redundanzen (Überschneidungen/Wiederholungen) sind dabei nicht nur zulässig, sondern sogar erwünscht, damit die Schülerinnen und Schüler die jeweilige Methode hinreichend durchdringen und begreifen. Wie solche Trainingsspiralen aussehen können, zeigen die folgenden Beispiele. Für das Trainingsfeld »Kommunikation/ Rhetorik« wären ähnliche Trainingsspiralen zu konzipieren.

■ *Effektiver lernen und behalten*

Im Rahmen dieser Trainingsspirale erhalten die Schülerinnen und Schüler Gelegenheit, sich bewährte Strategien zu erarbeiten, mit deren Hilfe die Gedächtnisleistung gesteigert werden kann. Dieser Arbeits- und Klärungsprozess beginnt mit einer Assoziationsrunde, in deren Mittelpunkt die abgebildete Karikatur steht. Die Schülerinnen und Schüler tragen ihre korrespondierenden Gedanken und Erfahrungen zusammen und überlegen sich, wie man dem Vergessen entgegenwirken kann. Diese letztere Frage wird in einem zweiten Arbeitsschritt weitergehend vertieft, indem sich die Schülerinnen und Schüler in einer kurzen Stillarbeitsphase überlegen und notieren, was sie persönlich tun, um neuen Lernstoff (z. B. in Geschichte oder Erdkunde) möglichst dauerhaft ins Gedächtnis zu bekommen. Auf der Basis ihrer Notizen erläutern sie sich sodann in mehreren Zufallsgruppen, welche Strategien sie verfolgen, und halten abschließend fünf bewährte Verfahrensweisen stichwortartig auf kleinen Visualisierungskärtchen fest, die sie im Plenum

aus: Leitner, 1991, S. 24

präsentieren und erläutern. Dieser »Erfahrungsschatz« wird in einem dritten Arbeitsschritt ausgebaut, indem die Schülerinnen und Schüler ausgewählte Arbeitsblätter bearbeiten, die zum Komplex »Lernen und Behalten« zusätzliche Anregungen und Informationen liefern (vgl. dazu Klippert 1994, S. 63 ff.). In einem vierten Arbeitsschritt wird sodann ein einfacher Lerntypen-Text (vgl. ebd., S. 61) durchgeführt, der den Schülerinnen und Schülern sehr konkret vor Augen führt, dass sie fast alle dann am effektivsten lernen, wenn sie den Lernstoff handlungsbetont verdauen (schreiben, zeichnen, erzählen, gestalten etc.). Eingedenk dieser Erkenntnis erhalten die Schüler in einem fünften Arbeitsschritt die Aufgabe, vorgegebenes Lernverhalten einzelner Schüler zu beurteilen sowie in Kleingruppen abzugleichen und gegebenenfalls zu diskutieren (vgl. dazu die Lernkärtchen in: Klippert 1994, S. 57 f.). Die so zusammengetragenen Erfahrungen, Erkenntnisse und Empfehlungen werden in einem sechsten Arbeitsschritt gezielt visualisiert, indem die einzelnen Gruppen möglichst anschauliche Plakate zum Thema »Erfolgreich lernen und behalten« gestalten (Format: 80 cm x 100 cm). In einem siebten und letzten Arbeitsschritt werden schließlich ausgewählte Lernstrategien wie z. B. »Spickzettel herstellen« oder »Arbeiten mit selbsterstellten Lernkärtchen« (s. Lernkartei) praktisch erprobt und auf ihren Behaltenseffekt hin getestet.

■ *Rasch lesen und nachschlagen*

Diese Trainingsspirale besteht aus folgenden Arbeitsetappen: Zunächst erhalten die Schülerinnen und Schüler verschiedene Sachtexte, aus denen sie in knapper Zeit bestimmte Begriffe, Daten oder sonstige Schlüsselinformationen heraussuchen müssen (vgl. die Texte in: Klippert 1994, S. 87 ff,). Anschließend tauschen sie sich in Gruppen darüber aus, wie viele Informationen sie gefunden haben, wie sie vorgegangen sind und wo es unter Umständen gehakt hat. Ferner verständigen sie sich in jeder Gruppe auf je drei Tips zur Steigerung des Lesetempos. Diese Tips werden anschließend stichwortartig auf Kärtchen geschrieben, im Plenum reihum präsentiert/erläutert und schließlich wahlweise an die Pinnwand im Klassenraum geheftet. Gezielte Anregungen des Lehrers runden das so entstandene Bild ab (Lies diagonal! Suche gezielt! Versuche Deine Blickspanne zu erweitern! Benutze ein Leselineal! Kombiniere, wo etwas stehen könnte! etc.). In einer vierten Arbeitsetappe werden alsdann im Schulbuch, im Lexikon oder in anderen geeigneten Kompendien bestimmte Schlüsselinformationen gesucht, die sich nur durch rasches Kombinieren, Überfliegen und gezieltes, selektives Lesen finden lassen. Denn auch jetzt ist die Zeit knapp und die Bandbreite der zu durchforstenden Informationen relativ groß (z. B.: Beantworte Frage X. Du findest die Antwort auf den Seiten 26–28 Deines Schulbuches). Nachschlageübungen dieser und anderer Art lassen sich im Unterricht in großer Vielzahl organisieren und sollten von den zuständigen Fachlehrerinnen und Fachlehrern möglichst regelmäßig vorgesehen werden, damit die Schülerinnen und Schüler in der Übung bleiben.

■ *Markieren und exzerpieren*

Diese Trainingsspirale beginnt damit, dass die Schülerinnen und Schüler einen relativ klar strukturierten Sachtext von ca. einer DIN-A4-Seite erhalten, verbunden mit dem folgenden Arbeitshinweis: »Markiere den Text so, dass Du in 14 Tagen möglichst auf einen Blick erfasst, um was es geht!«. Mehr wird an dieser Stelle nicht vorgegeben, denn die Schülerinnen und Schüler sollen in ihrer gewohnten Weise markieren und durchaus auch Fehler machen dürfen. Die Unzulänglichkeiten sind denn auch groß. Es wird in aller Regel viel zu viel markiert; es wird ohne System markiert. Ist gerade ein Kugelschreiber oder Bleistift zur Hand, so wird einförmig und flächendeckend damit markiert. Ist zufällig ein Textmarker greifbar, so wird dieser extensiv verwandt. Über den Einsatz bestimmter Farben und Stiftarten herrscht ebensowenig Klarheit wie über die Schritte und Ziele eines wirksamen Markierens. Deshalb wird in einer zweiten Arbeitsetappe an und mit den mehr oder weniger schlecht markierten Texten gearbeitet – und zwar wie folgt: Die Schülerinnen und Schüler finden sich in mehreren Gruppen zusammen, legen ihre markierten Texte auf dem Fußboden oder auf dem Tisch aus, vergleichen und diskutieren die unterschiedlichen Markierungsweisen, befragen sich wechselseitig, üben Kritik, heben Positives hervor und halten am Ende dieser Reflexionsphase drei Tips fest, worauf beim Markieren besonders zu achten ist. Diese Tips werden stichwortartig auf Kärtchen notiert und anschließend im Plenum vorgestellt und erläutert. In einer dritten Etappe erfolgt alsdann eine gezielte Demonstration und Instruktion des Lehrers, in deren Mittelpunkt unterschiedlich markierte Texte aus anderen Klassen stehen. Der Lehrer heftet diese Texte an die Tafel und nimmt in kritisch-konstruktiver Weise Stellung dazu. Abgeschlossen wird diese Würdigung mit der Vorstellung der sogenannten 3-Stufen-Methode, die da lautet: 1. Text überfliegen ⇨ 2. mit Bleistift vormarkieren ⇨ 3. mit einem gelben Textmarker und einem roten dünnen Stift differenziert markieren, und zwar möglichst sparsam und augenfällig. Eingedenk dieser Systematik wird in einer vierten Arbeitsetappe ein zweiseitiger Sachtext unter Berücksichtigung der abgeleiteten Empfehlungen markiert sowie anschließend in Gruppen gesichtet und besprochen. In einer fünften Arbeitsetappe fasst schließlich jeder Schüler den letztgenannten Text auf der Basis seiner Markierungen so zusammen, dass ein Exzerpt von etwa einer viertel Seite entsteht. Weitere Übungen im systematischen Markieren und Exzerpieren können folgen.

■ *Einprägsame Struktogramme erstellen*

Diese Trainingsspirale stellt auf das sinnfällige Strukturieren von Lernstoff ab. Gearbeitet wird teils in Einzelarbeit, teils in Partner- oder Gruppenarbeit. Die Übungsserie beginnt mit der grafischen Zusammenfassung eines Textes und reicht über das Erstellen von Tabellen und Diagrammen bis hin zum Entwickeln von Tafelbildern am Ende einer Unterrichtsstunde. Die Inhalte können hierbei aus verschiedenen Fächern stammen. Als weitere Arbeitsetappen kommen in Frage: Spickzettel herstellen, Flussdiagramm anfertigen, Gliederung erstellen oder kreative Mindmaps anfertigen, die den individuellen Gedankenfluss zu einem bestimmten Problem/Thema grafisch abbilden (zur Mindmap-Methode vgl. u. a. Buzan 1989, S. 97 ff.). Egal, wie die Struktogramme der Schülerinnen und Schüler am Ende auch aussehen, entscheidend ist, dass sie sich überhaupt daranmachen, konsequent zu reduzieren und zu strukturieren. Denn das ist das A und O einer erfolgreichen Informationsverarbeitung und -aufbereitung (vgl. Klippert 1994, S. 109 ff. sowie S. 160 ff.). Zur skizzierten Trainingsspirale gehört natürlich auch, dass nach jeder Strukturierungsübung eine kurze Reflexion der Ergebnisse stattfindet, damit die Schülerinnen und Schüler ihr Repertoire bewusst und durchdacht weiterentwickeln.

■ *Klar und verständlich schreiben*

Diese Trainingsspirale verstärkt das, was im Deutschunterricht ohnehin auf dem Programm steht. Stringentes, verständliches Schreiben kann nämlich gar nicht oft genug geübt werden. Die Palette der hier in Frage kommenden Übungen reicht von der Neufassung eines relativ unsystematisch oder unverständlich geschriebenen Textes über konkrete Vorgangs- bzw. Prozessbeschreibungen sowie stichwortgestützte Textproduktionen bis hin zum Anfertigen und Ausformulieren themenzentrierter Schreibleitfäden (Stichwortketten, Gliederungsgerüste, Fragekettten etc.). Wichtig ist vor allem, dass die Schülerinnen und Schüler Gelegenheit erhalten, an unzulänglichen Texten fremder Schüler bzw. Personen zu arbeiten, da das in besonderer Weise dazu beiträgt, das Sprachgefühl zu fördern sowie die Fähigkeit zum stringenten Schreiben zu verbessern. Denn: Wer andere kritisiert und korrigiert, der lernt erfahrungsgemäß höchst intensiv für sich selbst.

■ *Vorträge gezielt mitschreiben*

Im Rahmen dieser Trainingsspirale erhalten die Schülerinnen und Schüler Gelegenheit, unterschiedliche Informationsangebote selektiv mitzuschreiben. Gestartet wird dieser Übungsprozess mit einem geeigneten Informationsfilm von etwa zehnminütiger Dauer, der in Sequenzen von jeweils zwei bis drei Minuten vorgespielt und von den Schülerinnen und Schülern versuchsweise mitgeschrieben wird. Am Anfang kommen die meisten Schülerinnen und Schüler nicht klar, weil sie viel zu viel und zu ausführlich mitschreiben wollen. Die erste Unterbrechung nach ca. zwei Minuten ist denn auch eine willkommene Gelegenheit, noch mal alles zu überdenken und gegebenenfalls neu anzusetzen. Die Schülerinnen und Schüler können sich in dieser ca. zweiminütigen Pause mit ihren Nachbarn unterhalten, Tips geben und sich im Blick auf die Fortführung der Mitschrift neu orientieren. Dann wird die zweite Filmsequenz eingespielt und erneut versuchsweise mitgeschrieben. Nach dieser zweiten Sequenz erfolgt eine etwas längere Besinnungs- und Besprechungsphase, während der die Schülerinnen und Schüler sowohl ihre Erfahrungen und Probleme austauschen als auch wichtige Tips zusammentragen, worauf beim Mitschreiben verstärkt zu achten ist. Diese Tips werden anschließend auf einer Wandzeitung visualisiert und vom Lehrer nötigenfalls näher kommentiert (Wenig mitschreiben! Lange abwarten! Besser zuhören! Hektik vermeiden! etc.). Sodann werden die Filmsequenzen drei und vier eingespielt und unter Berücksichtigung der visualisierten Tips erneut mitgeschrieben. Anschließend finden sich die Schülerinnen und Schüler in mehreren Gruppen zusammen, vergleichen und besprechen ihre vorliegenden Mitschriften, tragen fehlende Sachverhalte nach und stimmen sich schließlich darüber ab, wie eine übersichtliche Filmzusammenfassung aussehen könnte. Eingedenk dieser Anregungen fertigt am Ende jeder Schüler eine möglichst übersichtliche Inhaltswiedergabe zum Film an. In zwei weiteren Arbeitsetappen wird dieses Mitschrifttraining fortgeführt: Erstens, indem ein zweiter Informationsfilm in einem Rutsch eingespielt und unter Berücksichtigung der erarbeiteten Gesichtspunkte mitgeschrieben wird. Und zweitens, indem ein kompakter Lehrervortrag selektiv aufgezeichnet wird. Beide Übungen werden natürlich ebenfalls ausgewertet und besprochen.

■ *Gestalten und visualisieren*

Im Mittelpunkt dieser Trainingsspirale steht das Gestalten themenzentrierter Plakate, Wandzeitungen, Folien und anderer Medien, die zu Präsentationszwecken eingesetzt werden. Die erste Arbeitsetappe sieht so aus, dass eine schlecht gestaltete Heftseite aus einer Parallelklasse überarbeitet und neu gestaltet wird. Hierbei werden von Lehrerseite zunächst keine Vorgaben gemacht, sondern die Schülerinnen und Schüler experimentieren paarweise oder in Kleingruppen und mobilisieren auf diese Weise unterschiedliche Vorstellungen und Strategien. Die so entstehenden Produkte werden anschließend an die Tafel geheftet, von den Schülerinnen und Schülern gesichtet, bei Bedarf erläutert sowie auf wegweisende gestalterische Optionen hin abgeklopft. Der Lehrer ergänzt/verstärkt die eine oder andere Option, gibt seinerseits Tips zur wirksamen Visualisierung und stellt ausgewählte Beispiele vor, die u. a. aus einschlägigen Visualisierungs- und Grafik-Design-Handbüchern oder auch schlicht aus geeigneten Zeitschriften entnommen werden können (vgl. hierzu auch Klippert 1994 S. 154 ff.). Angewendet wird dieses Instrumentarium in zwei bis drei weiteren Arbeitsetappen, in denen es wahlweise um das Gestalten themenzentrierter Folien (als Vortrags-Grundlage), Flugblätter, Plakate, Wandzeitungen und/oder Pinnwand-Flächen geht. Hierbei wechseln sich Gruppen- und Einzelarbeit ab.

■ *Facharbeit/Referat anfertigen*

Diese Trainingsspirale stellt auf das Einüben wissenschaftspropädeutischer Verfahren ab. Das beginnt mit der Suche bestimmter Bücher bzw. Informationen in der (Schul-) Bibliothek und reicht über das konstruktive Arbeiten mit vorgegebenen Zitaten bis hin zum Erstellen einer themenzentrierten Gliederung oder eines wohlgeordneten Literaturverzeichnisses (vgl. hierzu Klippert 1994 S. 183 ff.). Abgerundet werden diese Vorübungen durch das Anfertigen eines Kurzreferats von ca. fünf Schreibmaschinenseiten zu einem vorgegebenen Thema, zu dem die nötigen Quellen leicht zugänglich sind. Hierbei geht es neben solchen Gesichtspunkten wie »Gliederung erstellen«, »richtig zitieren«, »Quellenverzeichnis anfertigen« auch und zugleich um das Anlegen eines Deckblattes sowie um die ansprechende Gestaltung der Ausarbeitung (Überschriften, Absätze, Blattaufteilung, grafische Elemente etc.). Konzipiert wird dieses Kurzreferat in aller Regel im Unterricht, angefertigt dann jedoch zu Hause. Abschließend kann eine Jury gebildet werden, die die vorliegenden Referate unter formalen Gesichtspunkten durchsieht und eine dieser Ausarbeitungen als »Musterreferat« auswählt, das allen Schülerinnen und Schülern als Anregung kopiert und zur Verfügung gestellt wird.

■ *Arbeits- und Zeitplanung*

Diese Trainingsspirale gibt den Schülerinnen und Schülern Gelegenheit, sich in puncto Arbeitsplanung und Zeitmanagement zu üben. Dazu erhalten sie in einem ersten Schritt mehrere themenzentrierte »Pflichtaufgaben« und »Wahlaufgaben« (s. Wochenplanarbeit), für deren Bearbeitung ihnen ein knapp bemessener Zeitrahmen von z. B. einer Doppelstunde zur Verfügung steht. Angesagt ist Einzelarbeit. Die Schülerinnen und Schüler werden angehalten, sich gut zu überlegen, wie sie vorgehen wollen. Nähere Anweisungen gibt es zu diesem Zeitpunkt noch nicht. Wie die Erfahrung zeigt, gehen viele Schülerinnen und Schüler ziemlich planlos vor. Sie trödeln zunächst herum; sie vergessen, dass es Pflichtaufgaben gibt; sie beißen sich womöglich irgendwo fest, sie zeigen insgesamt wenig Zielstrebigkeit und Zeitgefühl. Diese und andere Unzulänglichkeiten werden in der Auswertungsphase offengelegt und besprochen. Dann folgt eine zweite ähnliche Übung zu einem anderen Thema – wiederum mit unterschiedlichen Pflicht- und Wahlaufgaben. Nur müssen die Schülerinnen und Schüler diesmal in Partnerarbeit zunächst einen möglichst akkuraten Arbeits- und Zeitplan erstellen, bevor sie mit der Bearbeitung der anstehenden Aufgaben beginnen. Das heißt: Sie überlegen sich die Aufgabenfolge (Pflichtaufgaben zuerst!) und schätzen die benötigten Zeiten. Natürlich wird es auch jetzt noch Pannen geben, aber die Sensibilität der Schülerinnen und Schüler in Sachen Arbeitsplanung und Zeitmanagement wächst aufgrund der konsequenten Reflexion auf jeden Fall. Als weitere vertiefende Arbeitsetappen können sich z. B. anschließen: Das Planen einer komplexeren Gruppenarbeit im Sinne des Projektmanagements (wer macht was, wann, mit wem, wie?), das Erstellen eines differenzierten Tagesplanes auf der Basis vorgegebener Eckdaten oder das gezielte Suchen nach den eigenen »Zeitdieben« (vgl. Klippert 1994, S. 227 ff.).

■ *Klassenarbeiten vorbereiten*
Im Mittelpunkt dieser Trainingsspirale steht das planvolle Vorbereiten einer Klassenarbeit. Die erste Arbeitsetappe sieht so aus, dass sich die Schülerinnen und Schüler in Gruppen zusammensetzen und darüber austauschen, wie sie die besagte Vorbereitungsphase erleben und gestalten. Dieser lockere Erfahrungsaustausch dient einmal als Warming-up und sorgt zum anderen dafür, dass die Schülerinnen und Schüler an Problembewusstsein gewinnen. In einer zweiten Arbeitsetappe erhalten sie alsdann die Aufgabe, drei bis fünf Tips zum erfolgreichen Vorbereiten einer Klassenarbeit zusammenzustellen und anschließend im Plenum vorzustellen und zu erläutern. Weitergehend vertieft und systematisiert werden diese Anregungen in einer dritten Arbeitsetappe durch das produktive Verarbeiten eines vierseitigen Leitmaterials zum Thema »Klassenarbeiten vorbereiten«. Dieses Leitmaterial (vgl. Klippert 1994, S. 216 ff.) wird den Schülerinnen und Schülern in Kopie ausgeteilt, von ihnen gelesen und schließlich – in Gruppen – als Plakat aufbereitet (Format ca. 80 cm x 100 cm). Die so entstehenden Lernplakate werden sodann im Plenum präsentiert, punktuell besprochen und abschließend wahlweise im Klassenraum ausgehängt. Auf diesem Hintergrund wird schließlich in einer vierten Arbeitsetappe eine anstehende Klassenarbeit exemplarisch vorbereitet, und zwar im Rahmen des obligatorischen Unterrichts. Mögliche Teilaktivitäten können sein: Spickzettel erstellen, Frage-Antwort-Kärtchen erstellen, Zeitplan erstellen, den Lernstoff mit Lernpartner durchsprechen; Probetest erstellen und bearbeiten etc.

Fazit: Die skizzierten Trainingsspiralen lassen zweierlei sehr deutlich werden: Zum einen zeigen sie, wie intensiv und aktiv die Auseinandersetzung mit den vorgestellten Methoden erfolgen kann und muss, wenn die Schülerinnen und Schüler hinreichend Boden unter die Füße bekommen sollen. Zum zweiten unterstreichen sie auch und zugleich, dass die für derartige Trainingsspiralen erforderlichen Zeitkontingente von durchschnittlich drei bis sechs Unterrichtsstunden im normalen Fachunterricht in aller Regel nicht zur Verfügung stehen, weshalb das angesprochene Sockeltraining unbedingt anzustreben ist. Egal, ob es sich hierbei um eine komplette Projektwoche »Lernen lernen« oder um eine konzertierte Aktion mehrerer Lehrkräfte zur systematischen Methodenschulung handelt, wichtig ist nur, dass die Schülerinnen und Schüler der betreffenden Klassen möglichst intensiv Gelegenheit erhalten, grundlegende methodische Strategien zu sondieren und abzuklären, die dann im normalen Fachunterricht verstärkt weiter gepflegt werden müssen. Wie gesagt: Das gelegentliche Sockeltraining im Sinne eines methodenzentrierten Crashkurses ist das eine, die fachspezifische Methodenpflege ist das andere. Beides aber gehört unabdingbar zusammen, wenn die Schülerinnen und Schüler ihre Methodenkompetenz nachhaltig entwickeln sollen.

3.2.4 *Schul- und unterrichtsorganisatorische Konsequenzen*

Die Umsetzung des skizzierten Trainingskonzepts verlangt – wie bereits erwähnt – eine Reihe flankierender Maßnahmen. Das beginnt mit der Einplanung methodenzentrierter Projektwochen und -tage, z. B. in den Jahrgangsstufen 5 und 11, und reicht über die partielle Vertretung der betreffenden Lehrkräfte während der Trainingsphasen sowie deren Freistellung für die korrespondierenden Vorbereitungsarbeiten (Teamklausurtage) bis hin zur Bildung spezifischer 3er-Teams, die die Methodenschulung im Unterricht zu ihrer besonderen Aufgabe erklären und differenziert umsetzen. Dreh- und Angelpunkt des ganzen Programms ist die Kooperation der Lehrkräfte auf Klassen- wie auf Fachebene. Zwar müssen keineswegs alle Lehrkräfte einer Klasse beim anstehenden Methodentraining aktiv mitmachen, aber einige methodisch ambitionierte, engagierte und vor allem trainierte Lehrerinnen und Lehrer braucht es schon, um die betreffenden Schülerinnen und Schüler in puncto Methodenkompetenz entscheidend nach vorne zu bringen. In der Regel sind es drei Lehrer und/oder Lehrerinnen pro Klasse (das 3er-Team), die mit hohem Stundendeputat (Richtwert: 15 Stunden plus x pro Woche) daran gehen, die Methodenkompetenz ihrer Schülerinnen und Schüler ebenso kleinschrittig wie systematisch zu fördern. Sie sind erfahrungsgemäß in der Lage, das Arbeitsverhalten ihrer Klasse maßgeblich zu prägen und die Schülerinnen und Schüler in methodischer Hinsicht recht intensiv zu schulen. Dieses 3er-Team ist sowohl für das erwähnte »Sockeltraining« als auch für die darauf aufbauende Methodenpflege im Fachunterricht zuständig. Da diese Lehrerinnen und Lehrer aufgrund ihres hohen Stundendeputats auch als Fachlehrerinnen und Fachlehrer ziemlich regelmäßig präsent sind, können sie die methodische Reflexion und Routinebildung auf Schülerseite relativ konsequent unterstützen und vorantreiben. Selbstverständlich sind auch andere Lehrkräfte eingeladen, die Methodenkompetenz in der jeweiligen Klasse verstärkt zu fordern und zu fördern.

Voraussetzung einer derartigen konzertierten Trainingsarbeit ist allerdings, dass die betreffenden Kernlehrerinnen und Kernlehrer ausreichend Zeit und Gelegenheit haben, das anvisierte Trainingsprogramm gemeinsam vorzubereiten und die individuellen Zuständigkeiten und Aufgaben klar abzustimmen. Diese Planungs- und Koordinierungsarbeit verlangt zwingend nach verstärkter Kooperation – während der Unterrichtsvorbereitung genauso wie im Unterricht selbst, Hospitationen sowie methodenzentrierte Konferenzen, Teamklausurtage und Fortbildungsbesuche haben sich diesbezüglich als »Lerninseln« bewährt. Dazu müssen die betreffenden Lehrkräfte freilich auch mal vom Unterricht freigestellt werden, um z. B. das angesprochene Wochentraining und/oder den korrespondierenden Elternabend gründlich vorzubereiten.

Auch die fachspezifische »Methodenpflege« bedarf neuer Überlegungen und Vorbereitungsmaßnahmen, die nicht nur so nebenbei in den üblichen nachmittäglichen Fachkonferenzen zu erledigen sind. Viel sinnvoller und wirksamer ist es stattdessen, gelegentlich auf ganztägige »produktive Fachkonferenzen« zu setzen, die den betreffenden Fachlehrerinnen und Fachlehrern Gelegenheit geben, zu ausgewählten Themen des Fachunterrichts innovative methodenzentrierte Lehr-/Lernarrangements vorzubereiten und die zugehörigen Arbeitsmaterialien gemeinsam zu entwickeln. Das anvisierte Methodentraining verlangt demnach ein hohes Maß an Teamarbeit. Teamarbeit der Lehrkräfte wirkt erwiesenermaßen sowohl inspirierend und motivierend als auch zeitsparend und entlastend. Von daher sind Klassenteams, Teamklausurtage, Teamteaching,

Teamhospitationen, Teambesprechungen und produktive Fachkonferenzen wichtige Maßnahmen zur Sicherstellung einer erfolgreichen Methodenschulung. Die Schulleitung muss derartige Aktivitäten großzügig unterstützen!

3.3 Kommunikationstraining mit Schülerinnen und Schülern – Anregungen zur systematischen Förderung der Argumentations- und Gesprächskompetenz

Die Kommunikationsbereitschaft und -fähigkeit vieler Schülerinnen und Schüler ist unbefriedigend. Entsprechende Klagen kommen nicht nur von Lehrerseite, sondern in den letzten Jahren zunehmend auch aus den Reihen der Wirtschaft. Besonders fatal ist das deshalb, weil Projektarbeit, Gruppenarbeit, Wochenplanarbeit, Stationenarbeit, Planspiele, Rollenspiele und andere Formen des offenen Unterrichts ganz elementar darauf angewiesen sind, dass die Schülerinnen und Schüler verständlich reden und konstruktiv miteinander kommunizieren können. Nur, wo lernen sie das? In den Einkind-Familien und ihrer von Medien verstellten Alltagswirklichkeit immer weniger. Auch im traditionellen lehrerzentrierten Unterricht wurde und wird wenig Kommunikationsförderndes geleistet, da hier vor allem die Lehrerinnen und Lehrer reden und die Schülerinnen und Schüler de facto nur selten zu Wort kommen. So gesehen bleibt den verantwortlichen Pädagogen entweder nur die Resignation bzw. die Kapitulation oder aber es wird der Aufbruch nach vorne gewagt und die Unterrichtsarbeit dahingehend verändert, dass die gezielte Kommunikationsschulung wesentlich stärker als bisher betont wird. Dieser Aufbruch soll durch den vorliegenden Beitrag unterstützt und erleichtert werden.

3.3.1 Kommunikationskompetenz als Bildungsziel

Die Gründe, die für eine verstärkte Betonung des kommunikationszentrierten Arbeitens und Lernens im Unterricht sprechen, sind äußerst vielschichtig. Erstens sind grundlegende kommunikative Fähigkeiten und Fertigkeiten deshalb vonnöten, weil die intendierte Öffnung des Unterrichts in hohem Maße mit Gruppen- und Partnerarbeit einher geht und daher sensibles Kommunizieren verlangt. Zweitens fördert die konsequente Kommunikationsschulung ganz unstrittig das soziale Miteinander innerhalb wie außerhalb der Klasse. Drittens werden auf diese Weise spezifische Qualifikationen ausgebildet, die in einem auf Argumentation, Diskussion und Debatte abstellenden demokratischen Gemeinwesen von größter Wichtigkeit sind. Viertens begünstigt eine solide sprachliche Versiertheit sowohl das Selbstvertrauen und die Motivation der Schülerinnen und Schüler als auch das Erreichen einer guten mündlichen Note. Fünftens zählen die hier anvisierten kommunikativen Fähigkeiten und Fertigkeiten (vgl. Abb. 23) zu den viel zitierten beruflichen Schlüsselqualifikationen, von deren Erwerb die Einstellungs- und Berufschancen der Jugendlichen immer stärker abhängen. Und sechstens schließlich fördert das kommunikationszentrierte Arbeiten und Lernen im Unterricht selbstverständlich auch die fachliche Auseinandersetzung und den fachlichen Durchblick der Schülerinnen und Schüler getreu dem Kleist'schen Motto »Die allmähliche Verfertigung der Gedanken beim Reden«. Wer also über einen bestimmten Inhalt spricht oder diesbezüglich einen kleinen Vortrag hält, der vergewissert sich auf diesem Wege höchst intensiv auch in der Sache, entdeckt eigene Unsicherheiten, klärt diese und fundiert somit sein Wissen.

Grundformen der Kommunikation

Monologische Sprechakte	Dialogische Sprechakte
argumentieren	Gruppengespräch
assoziieren	Telefongespräch
kritisieren	Paargespräch
Rede halten	Arbeitsgespräch
erläutern	Verhandlung
erzählen	L-Sch-Gespräch
antworten	Kreisgespräch
nacherzählen	freie Aussprache
berichten	Rollenspiel
fragen	Streitgespräch
vortragen	Podiumsgespräch

Abb. 23

So gesehen ist es nicht nur legitim, sondern nachgerade geboten, dem kommunikationszentrierten Lernen und Arbeiten im Unterricht mehr Raum und mehr Gewicht zu geben und die Schülerinnen und Schüler entsprechend zu fordern und zu fördern. Potentiale gibt es erfahrungsgemäß zur Genüge. Nur müssen diese kommunikativen Potentiale konsequenter als bisher herausgefordert und zur Entwicklung gebracht werden. Denn die Schülerinnen und Schüler können in aller Regel wesentlich mehr als das, was sie im Rahmen der gängigen Unterrichtsgespräche und der lehrerdominierten mündlichen Abfragen zeigen. Die Konsequenz daraus: Den Schülerinnen und Schülern muss in möglichst vielen Fächern verstärkt Zeit und Gelegenheit gegeben werden, möglichst angstfrei zu sprechen und regelgebunden zu kommunizieren (die Regeln werden gemeinsam aufgestellt!). Sie müssen ganz praktisch erfahren, dass sie frei reden, argumentieren, diskutieren und vortragen können. Denn Sprechen lernt man nun einmal am besten, indem man spricht. Nötig sind von daher vielfältige Übungen und darauf aufbauende Reflexionen. Auf diesem Wege können Sprechängste abgebaut, Routinen geschaffen und tragfähige kommunikative Kompetenzen entwickelt werden, die den Schülerinnen und Schülern in der Schule wie im Privatleben, im Beruf wie in politischen Organisationen zugute kommen. So gesehen müssen sie verstärkt Gelegenheit erhalten zu erzählen und zu berichten, zu argumentieren und zu diskutieren, zu fragen und zu antworten, aktiv zuzuhören und nachzuerzählen, kleine Vorträge zu halten und in Rollenspielen zu agieren, Gespräche zu leiten und Arbeitsergebnisse zu präsentieren, vereinbarte Regeln anzuwenden und auf diese Weise das eigene Regelbewusstsein zu festigen. Doch wer leistet diese Übungs- und Trainingsarbeit? Traditionelles Trainingsfeld in Sachen Kommunikation ist der Deutschunterricht, für den das Lernziel Kommunikationsfähigkeit schon immer eine gewisse Rolle gespielt hat. Doch kommunikationszentriertes Üben und Lernen kann und muss natürlich auch in anderen Fächern möglichst intensiv und reflektiert stattfinden, wenn die Schülerinnen und Schüler zu einem tragfähigen kommunikativen Repertoire gelangen sollen. Fazit also: Kommunikationskompetenz muss zum eigenständigen Bildungsziel werden, das im Unterricht wesentlich konsequenter als bisher verfolgt wird.

3.3.2 Das 5-Stufen-Modell der Kommunikationsschulung

Die hier anvisierte Kommunikationsschulung kann sowohl im Rahmen spezifischer Intensivkurse (vgl. den nächsten Abschnitt) als auch punktuell im alltäglichen Fachunterricht durchgeführt werden. Am besten, beides wird in der Weise kombiniert, dass in bestimmten Jahrgangsstufen (z. B. 7., 9. und 11. Klasse) konzertierte Intensivtrainings veranstaltet werden, an die sich korrespondierende Übungen in den verschiedensten Fächern anschließen, die der Festigung und Erweiterung des eingeübten Grundrepertoires dienen. Egal, wo angesetzt wird, wichtig für jede Art von Training ist, dass die vorgesehenen Übungen, die Mut machen und positive Sprecherfahrungen vermitteln sollen, mit zunehmender Übung und Routine zu immer anspruchsvolleren Kommunikationsarrangements und -anforderungen führen. Redundanzen sind in diesem Prozess nicht nur zulässig, sondern sogar erwünscht. Dieser Trainingsaufbau kommt im abgebildeten 5-Stufen-Modell der Kommunikationsschulung zum Ausdruck (vgl. Abbildung 24), wie es der Verfasser entwickelt und mit einer Vielzahl bewährter Übungen bestückt und konkretisiert hat (vgl. Klippert 1995). Zu den angeführten Trainingsstufen im einzelnen:

Das 5-Stufen-Modell der Kommunikationsschulung

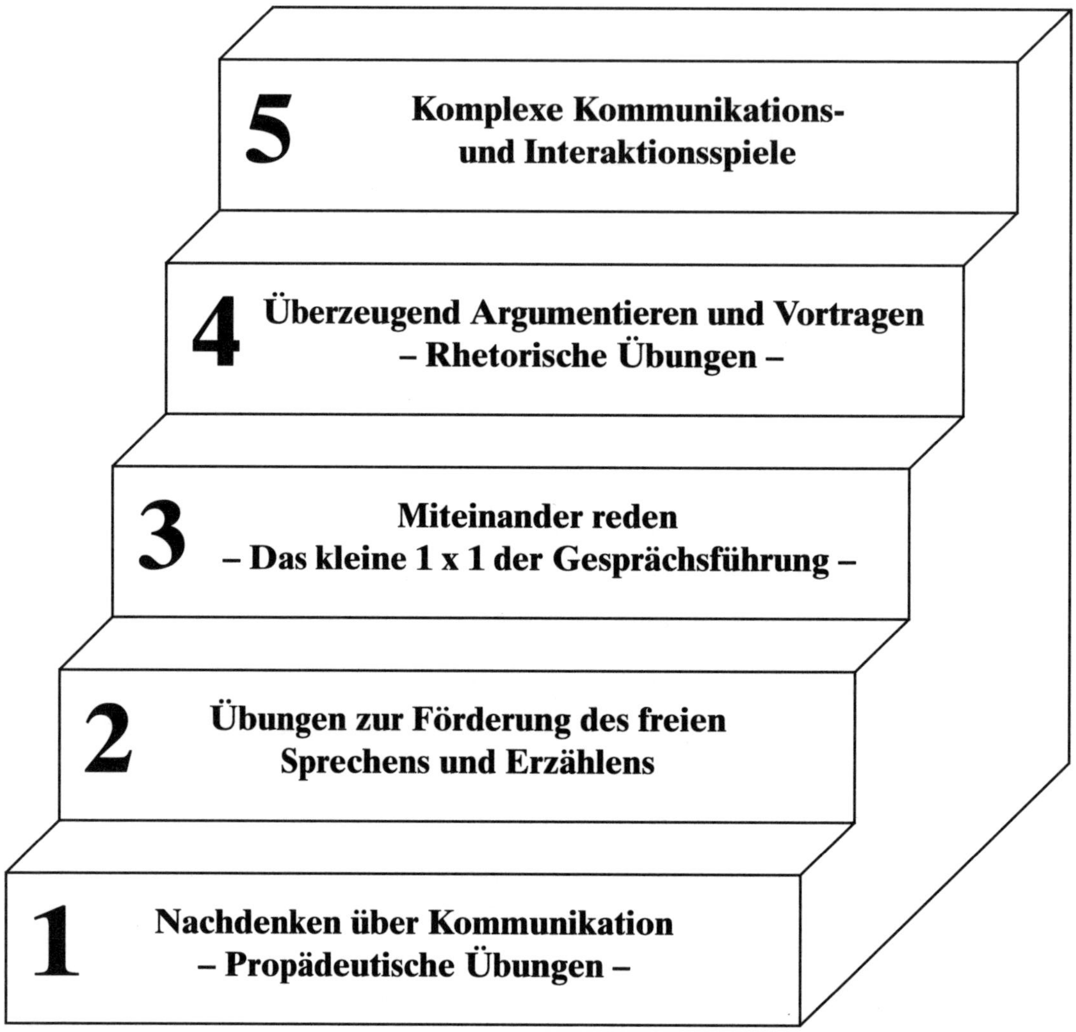

Abb. 24

Gestartet wird das Kommunikationstraining mit diversen propädeutischen Übungen, die den Schülerinnen und Schülern Gelegenheit geben, alltägliche Kommunikationspraktiken und -probleme (selbst-)kritisch zu reflektieren sowie wegweisende Kommunikationsregeln für den Unterricht zu entwickeln (vgl. Abbildung 25). Wichtig ist, dass das besagte Regelwerk gemeinsam hergeleitet und im Klassenraum visualisiert wird. Und wichtig ist ferner, dass dieser ganze Reflexions- und Klärungsprozess dazu beiträgt, auf Schülerseite die Einsicht und Überzeugung reifen zu lassen, dass Kommunizieren dringend gelernt und permanent geübt werden muss. Wird diese Sensibilisierungs- und Überzeugungsarbeit unterlassen, so besteht die Gefahr, dass die Schülerinnen und Schüler die vorgesehene Kommunikationsschulung nur halbherzig oder gar nicht nutzen, weil es ihnen am entsprechenden Problembewußtsein und an der nötigen persönlichen Bereitschaft mangelt.

Diese Überzeugungsarbeit wird im zweiten Trainingsabschnitt insofern fortgesetzt, als die Schülerinnen und Schüler ganz gezielt zum Sprechen ermutigt werden, indem ihnen in kleinen Gesprächszirkeln relativ angstfrei Sprechanlässe offeriert werden, die ihnen mit hoher Wahrscheinlichkeit Erfolgserlebnisse bescheren und von daher dazu beitragen, dass die Gesprächsbereitschaft in der Klasse wächst bzw. wiederbelebt wird. Im erwähnten Trainingshandbuch des Verfassers werden 26 derartige Kommunikationsarrangements dokumentiert (vgl. Klippert 1995, S. 85 ff.). Die Absicht, die sich mit diesen mutmachenden Übungen verbindet, ist, die Schülerinnen und Schüler möglichst eindringlich erfahren und erleben zu lassen, dass sie sprechen können und Lehrerinnen und Lehrer wie Mitschülerinnen und Mitschüler dieses auch von ihnen erwarten. Diese »therapeutische Arbeit« darf nicht unterschätzt werden.

Ähnliches gilt für die dialogischen Übungen im Rahmen des dritten Trainingsabschnitts. Die betreffenden Kommunikationsarrangements zielen ganz dezidiert darauf, die Fähigkeit und Bereitschaft der Schülerinnen und Schüler zu verbessern, verständnisvoll miteinander zu reden. Das beginnt mit einfachen Übungen zur Schulung des aktiven Zuhörens und reicht über Interviews, Frage-Antwort-Spiele und sonstige Formen des konstruktiven Dialogs bis hin zu Aussprachen und Diskussionen in Gruppen oder im Plenum, die regelorientiert geführt, analysiert, kritisiert und soweit wie möglich optimiert werden (vgl. Klippert 1995, S. 120 ff.). Dabei werden natürlich nicht nur positive Beispiele inszeniert, sondern sehr wohl auch typische Problemsituationen und Kommunikationsstörungen thematisiert, die den Schülerinnen und Schülern potentielle Gefahren und Schwachpunkte der alltäglichen Kommunikation im Unterricht vor Augen führen.

Die vierte Trainingsetappe ist der Rhetorik im engeren Sinne vorbehalten. Das Motto »überzeugend argumentieren und vortragen« zeigt an, in welche Richtung die entsprechenden Übungen zielen. Hierbei geht es sowohl um Körpersprache, Mimik, Gestik und Artikulation als auch um die Verständlichkeit, Stringenz und fachliche Fundiertheit der jeweiligen sprachlichen Darbietung. Zwar ist es in der Schule gemeinhin weder nötig noch möglich, die Schülerinnen und Schüler zu glanzvoller Rhetorik zu befähigen, aber eines ist ganz sicher zu leisten: Die Schülerinnen und Schüler können für bestimmte Aspekte eines guten Vortrags und/oder einer überzeugenden Argumentation sensibilisiert werden, damit sie hernach bewusster und durchdachter vorgehen und geeignete rhetorische Stilmittel gezielter einsetzen, als das üblicherweise der Fall ist. Geeignete Übungen gibt es in großer Zahl (vgl. Klippert 1995, S. 157 ff.).

Die fünfte Trainingsetappe schließlich gibt den Schülerinnen und Schülern Gelegenheit, die bis dahin punktuell eingeübten Regeln und Techniken in einer Art Zusammen-

Gesprächsregeln
kurz und bündig

Sich melden, wenn Beitrag gewünscht!	Auf Vorredner Bezug nehmen!
In vollständigen Sätzen reden!	Beim Reden die Mitschüler/innen anschauen!
Laut und deutlich sprechen!	Das Wort an Mitschüler/innen weitergeben!
Kurz und präzise argumentieren!	Nicht einfach nachplappern!
Beim Thema bleiben/ Frage beachten!	Niemanden auslachen oder herabsetzen!
Meinungen/Behauptungen begründen!	Die »Schweiger« zum Sprechen ermutigen/veranlassen!
Gut zuhören, wenn andere reden!	Nebengespräche und sonstige Störungen vermeiden!
etc.	

Diese Regeln wurden zusammen mit Schülerinnen und Schülern einer 9. Klasse erstellt, nachdem zuvor herausgearbeitet und diskutiert worden war, wodurch die Gesprächsbeteiligung im Unterricht beeinträchtigt bzw. verhindert wird. Der hemmende Einfluss der Lehrkräfte ist hier nicht berücksichtigt, spielte in der »Manöverkritik« der Schüler/innen allerdings eine zentrale Rolle.

Abb. 25

schau anzuwenden. Die betreffenden Kommunikations- und Interaktionsspiele reichen von der Debatte über Konferenz und Hearing bis hin zur Gerichtsverhandlung und zum Planspiel (vgl. dazu auch die Planspiele-Sammlung in Klippert 1996). Kennzeichnend für diese Spielszenarien ist, dass die Schülerinnen und Schüler relativ vielschichtig argumentieren, diskutieren und in sonstiger Weise interagieren müssen. Dass dieses wichtig ist, ist unstrittig. Denn Kontroversen, Verhandlungen und sonstige interessengeleitete Auseinandersetzungen gehören nun einmal zur Demokratie wie das Salz zur Suppe. Von daher spricht eigentlich alles dafür, in der Schule möglichst früh und möglichst nachhaltig darauf hinzuwirken, dass eine »Kultur des konstruktiven Streitens« entsteht.

3.3.3 Ablauf einer kommunikationszentrierten Trainingswoche

Wie bereits angedeutet, empfiehlt sich als integraler Bestandteil schulischer Kommunikationsförderung u. a. die Durchführung kommunikationszentrierter Crashkurse. Der Vorteil solcher Intensivphasen: Die Schülerinnen und Schüler beschäftigen sich mehrere Tage lang ausschließlich mit kommunikationszentrierten Übungen, Überlegungen und Strategieklärungen, ohne dass Klingelzeichen, Lehrerwechsel und/oder Raumwechsel stören. Das führt erfahrungsgemäß zu einem höchst intensiven Lernen und schafft zugleich eine Situation, in der Schülerinnen und Schüler wie Lehrerinnen und Lehrer gelassen und organischer arbeiten können, als das im alltäglichen Unterrichtstrubel möglich ist.

■ *Vorbereitende Maßnahmen*

Die Trainingswoche, auf die hier Bezug genommen wird, hat der Verfasser in einer neunten Klasse des Trifels-Gymnasiums in Annweiler (südliches Rheinland-Pfalz) durchgeführt. Vorbereitet wurde diese Trainingswoche zum einen durch eine gesonderte Konferenz, die der Information des Kollegiums und der Klärung organisatorischer Einzelfragen diente, zum zweiten durch eine »Schnupperstunde« in der betreffenden Klasse 9c, die den Schülerinnen und Schülern einen ersten Eindruck von der bevorstehenden Trainingsarbeit vermitteln sollte. Zunächst zur Gesamtkonferenz: Diese lief so ab, dass in einem einführenden Impulsreferat überblickshaft verdeutlicht wurde, warum es für Lehrerinnen, Lehrer, Schülerinnen und Schüler wichtig und lohnend ist, der Förderung kommunikativer Fähigkeiten und Fertigkeiten verstärkt Beachtung zu schenken. Alsdann erhielten die versammelten Kollegiumsmitglieder Gelegenheit, ihre Sichtweisen und Erfahrungen zum alltäglichen Kommunikationsverhalten der Schülerinnen und Schüler zuerst in Kleingruppen auszutauschen und dann im Plenum die wichtigsten Problemanzeigen zu visualisieren und zu diskutieren. Vor diesem Hintergrund wurde anschließend das vorgesehene Trainingsprogramm vorgestellt und erläutert sowie über bestehende Hospitationswünsche und -möglichkeiten gesprochen (drei Lehrkräfte haben schließlich die ganze Woche hospitiert und mehrere andere phasenweise). Des Weiteren wurde mit Zustimmung des Kollegiums vereinbart, dass für die Trainingswoche ein separater Klassenraum in einem Nebengebäude der Schule freigeblockt wurde, der für die speziellen Belange des Trainings hergerichtet werden konnte (Videoanlage, veränderte Sitzordnung, Pinnwände etc.).

Die besagte »Schnupperstunde« in der Klasse 9c sah einige Tage später so aus, dass zunächst einige knappe Anmerkungen zur Zielsetzung der bevorstehenden Trainingswoche gemacht wurden. Dann wurde eine mehrstufige Kommunikationsschleife durchgespielt, in deren Mittelpunkt die These »Reden ist Silber, Schweigen ist Gold« stand. Das begann mit dem Vorbringen persönlicher Stellungnahmen in wechselnden Paarkonstellationen und führte über die Thesendiskussion in nach dem Zufall zusammengesetzten Sechsergruppen bis hin zu den thesenzentrierten Abschlussplädoyers der vier Gruppensprecherinnen und Gruppensprecher, die ebenfalls per Auslosung ermittelt wurden. Zu guter Letzt wurde der Ablauf der Trainingswoche grob skizziert und erläutert.

■ *Der erste Teil der Woche*

Die ersten beiden Tage waren – wie Abbildung 26 zeigt – als Sensibilisierungsphase ohne speziellen Fach- und Themenbezug angelegt. Eingestiegen wurde am Montag mit diversen Berichten und Gesprächen zum alltäglichen Kommunikationsgeschehen im Unterricht. Eingegangen wurde u. a. auf die Gesprächsbeteiligung der Schülerinnen und Schüler, auf bestehende Gesprächshemmnisse sowie auf das Phänomen der Redeangst. Ziel hierbei war es, die Schülerinnen und Schüler zur bewußten Auseinandersetzung mit dem eigenen Kommunikationsverhalten zu veranlassen, ihr Problembewusstsein und ihre Bereitschaft zur Selbstkritik auszubauen sowie ihr strategisches Repertoire im Umgang mit der eigenen Redeangst zu verbessern. Am Dienstag ging es alsdann vorrangig darum, den Schülerinnen und Schülern die Relevanz eines verstärkten Kommunikationstrainings einsichtig zu machen, um auf diesem Wege ihre Motivation und Bereitschaft zu fördern, am eigenen Kommunikationsrepertoire zu feilen und die eigene Kommunikationskompetenz weiter zu entwickeln. Die entsprechenden Übungen dienten daher durchweg dazu, die verschiedenen Begründungsebenen zu sondieren und zu reflektieren, die für ein verstärktes kommunikationszentriertes Lehren und Lernen in der Schule sprechen. Diese Begründungsebenen hatten die Schülerinnen und Schüler im Rahmen einer nachbereitenden Hausaufgabe zusammenfassend zu würdigen.

■ *Der zweite Teil der Woche*

Ab Mittwoch verlief das Training fach- und themenzentriert. Im Zentrum der Übungen stand der Themenbereich »Ökologie«, zu dem eine ganze Reihe unterschiedlicher Kommunikationsarrangements angeboten wurden. Am Mittwoch selbst waren die Übungen noch relativ einfach angelegt, d. h., die Schülerinnen und Schüler hatten zum Komplex »Natur und Umwelt« variantenreich zu berichten und zu erzählen. Im Vordergrund standen dabei assoziative, monologische Verfahren der verschiedensten Art – angefangen bei persönlichen Erfahrungsberichten über Reizwort- und Fotoassoziationen bis hin zu themenzentrierten Bildergeschichten. Kennzeichnend für alle diese Kommunikationsaktivitäten war, dass es kein richtig oder falsch gab, die Gefahr des Versagens für die einzelnen Schülerinnen und Schüler mithin stark reduziert war. Das schaffte eine relativ angstfreie Sprechsituation und ermutigte selbst die Ängstlichen und/oder die chronischen Schweiger unter den Schülerinnen und Schülern zum freien Sprechen und Erzählen. Jeder kam mal dran und konnte sich in kleineren Gesprächszirkeln versuchen.

Am Donnerstag wurde dieser Weg der programmierten Ermutigung fortgesetzt, verbunden mit einigen neuen Anforderungen und Qualifizierungsabsichten. Gefragt war in dieser Phase nämlich nicht mehr nur das freie Sprechen und Erzählen, sondern auch und besonders der konstruktive Dialog mit anderen Schülerinnen und Schülern. Dementsprechend standen Übungen im Sinne des »aktiven Zuhörens« und des regelgebundenen Miteinanderredens im Vordergrund. Denn gerade beim Zuhören, Wiedergeben und ver-

Ablauf der Trainingswoche

1. Tag

Reflexion des alltäglichen Kommunikationsgeschehens

- ❐ Ansichten zum Projekt
- ❐ Gesprächsbeteiligung im Unterricht
- ❐ Störfaktoren im Alltag
- ❐ Wie Schüler/innen sich selbst einschätzen
- ❐ Umgang mit Sprechangst
- ❐ Hausaufgabe: Reportage schreiben

2. Tag

Übung zur Förderung der Kommunikationsbereitschaft

- ❐ Reportagen verlesen
- ❐ Thesen bewerten und diskutieren
- ❐ Begründungsspiel
- ❐ Simulation/Analyse von Vorstellungsgesprächen
- ❐ Schülerreden sondieren
- ❐ Hearing
- ❐ Hausaufgabe: Plädoyers schreiben

3. Tag

Freies Erzählen und Berichten zum Themenfeld »Ökologie«

- ❐ Plädoyers vorlesen
- ❐ Reizwortassoziationen
- ❐ Erlebnisberichte
- ❐ Fotoassoziationen
- ❐ Bildergeschichten
- ❐ Karikaturenrallye
- ❐ Begriffsnetzwerk
- ❐ Hausaufgabe: Bilder zeichnen

4. Tag

Aktives Zuhören und Diskutieren zum Themenfeld »Ökologie«

- ❐ Bilderpräsentation
- ❐ Fantasiegeschichten
- ❐ Satzketten
- ❐ Frage-Antwort-Spiel
- ❐ Reportagen erstellen
- ❐ Einfaches Planspiel
- ❐ Hausaufgabe: Spickzettel zum »guten Vortrag« anfertigen

5. Tag

Vortrags- und Argumentationsversuche zum Themenfeld »Ökologie«

- ❐ Expertenvorträge zum Thema »Rhetorik«
- ❐ Fünfsatz-Argumentationen
- ❐ Mustervortrag des Lehrers
- ❐ Plädoyers der Schüler/innen zu alternativen Themen- bzw. -fragestellungen
- ❐ Anklageerhebung
- ❐ Wochenbilanz

(Näheres zu den Übungen findet sich in Klippert 1995, S. 220 ff.)

Abb. 26

ständnisvollen Würdigen von mündlichen Beiträgen der Mitschülerinnen und Mitschüler offenbaren viele Schülerinnen und Schüler erhebliche Defizite. Diesen Defiziten sollte und konnte mit den angedeuteten dialogischen Übungen entgegengewirkt werden. Dabei ging es u. a. um das Erkennen und Beherzigen solcher Verhaltensmaximen wie: zuhören, ausreden lassen, verständlich reden, den anderen ernst nehmen, Blickkontakt halten, auf Argumente der Mitschülerinnen und Mitschüler eingehen, Kompromisse suchen und finden etc.

Diese Dialog fördernden Übungen wurden am Freitag unter besonderer Berücksichtigung rhetorischer Ansätze und Strategien weitergeführt. Unter dem Motto »das kleine 1x1 der Rhetorik« ging es insbesondere darum, Kriterien für einen guten Vortrag zu erarbeiten, in Gesprächen abzuklären und schließlich gezielt anzuwenden. Dazu standen den Schülerinnen und Schülern grundlegende Vorinformationen zur Verfügung. Aus diesen Vorinformationen gingen wegweisende Anregungen zur verbalen und non-verbalen Vortragsgestaltung hervor, die im Rahmen der sogenannten »Expertenmethode« wechselseitig verbal zu vermitteln und in Kleingruppengesprächen vertiefend zu klären waren. Die so gewonnenen Kriterien und Anregungen für den guten Vortrag versuchten die Schülerinnen und Schüler in persönlichen Plädoyers zu wechselnden ökologischen Fragestellungen umzusetzen. Dabei mussten sie sich der freien Rede bedienen und am Rednerpult stehend, gestützt nur auf einen kleinen Spickzettel, zwei- bis vierminütige Plädoyers unter Berücksichtigung rhetorischer Stilmittel halten (direkte Ansprache der Zuhörer, lebendige Gestik und Mimik, gezielte Stimmvariation, überzeugender Redeaufbau etc.). Alle diese Kurzvorträge wurden überdies mit einer Videokamera aufgenommen und anschließend kurz eingespielt, kommentiert und bei Bedarf näher besprochen. Wichtig: Alle Schülerinnen und Schüler versuchten sich!

■ *Fazit: Das Training lohnt sich!*

Die Lerneffekte, die während der Woche erzielt wurden, können sich sehen lassen. Einig waren sich die hospitierenden Lehrkräfte am Ende der Woche in der Einschätzung: Die Gesprächsbereitschaft der Schülerinnen und Schüler konnte durch das intensive Üben und Reflektieren wesentlich gefördert werden. Die zu Wochenbeginn signalisierten Ängste und Beklemmungen wurden im Trainingsverlauf deutlich abgebaut. Parallel dazu stiegen das Selbstbewusstsein und das Selbstvertrauen der Schülerinnen und Schüler. Und natürlich erweiterte sich aufgrund der vielfältigen Übungen und Klärungsprozesse auch ihr praktisches Kommunikationsrepertoire. Frei erzählen, nach Stichworten berichten, aktiv zuhören, einen kleinen Vortrag halten, Interviews führen, miteinander reden und diskutieren, vereinbarte Regeln einhalten, überzeugend argumentieren – dieses und manches andere mehr wurde im Verlauf der Woche vergleichsweise eindringlich geübt. Entsprechend wuchsen Sicherheit, Sensibilität und praktisches Know-how auf Schülerseite. Begünstigt wurde das insgesamt sehr intensive Arbeiten überdies durch den zeitlichen und organisatorischen Rahmen, der kontinuierliches Arbeiten am Stück, ohne die lästigen Unterbrechungen durch Klingelzeichen, Fächerwechsel und Lehrerwechsel ermöglichte. Dies alles spricht eindeutig für das Konzept einer kompakten Trainingseinheit, wie sie die skizzierte Trainingswoche darstellt. Sicher ist: Den Schülerinnen und Schülern muss das Thema Kommunikation unter die Haut gehen; es muss sie im besten Sinne des Wortes gefangennehmen; es muss sie bewegen; es muss sie zur ebenso engagierten wie selbstkritischen Arbeit am eigenen Kommunikationsrepertoire veranlassen. Und das ist im Rahmen der Trainingswoche relativ intensiv geschehen.

3.3.4 Konsequenzen für Lehrerbildung und Schulorganisation

Die Lehrkräfte brauchen natürlich ein entsprechendes Methodenrepertoire, um das skizzierte Methodentraining mit der nötigen Motivation und Überzeugungskraft durchführen zu können. Das erwähnte Trainingshandbuch des Verfassers gibt diesbezüglich reichlich Hilfestellung und praktische Anregungen. Jedoch ist es damit allein nicht getan. Darüber hinaus ist äußerst wichtig, ja geradezu unerlässlich, dass die betreffenden Lehrkräfte (3er-Teams) mit den anvisierten kommunikationszentrierten Lernarrangements ganz praktisch vertraut sind. Das heißt, sie sollten zumindest einige dieser Lernarrangements einmal im Vollzug kennengelernt und aus der Schülerperspektive erlebt haben, um zu der nötigen Regie- und Umsetzungskompetenz zu gelangen. Das Manko der tradierten Lehreraus- und -fortbildung ist nämlich, dass derartige »Lerninseln« weitgehend fehlen, so dass viele Lehrkräfte gar nicht erst auf die Idee kommen, in der beschriebenen Weise kommunikationszentriert zu planen und zu unterrichten. Diesem Mangel an praktischer Methodenerfahrung auf Lehrerseite gilt es durch entsprechende Trainingsveranstaltungen in den einzelnen Phasen der Lehrerbildung entgegenzuwirken. Interessentinnen und Interessenten für derartige Angebote gibt es erfahrungsgemäß mehr als genug.

Eine zweite Ebene, auf der beträchtlicher Innovationsbedarf besteht, betrifft die Unterrichtsorganisation. Denn das skizzierte kommunikationszentrierte Arbeiten wird umso leichter, je flexibler die Stundentafel und die Raumnutzung geregelt sind. Das beginnt bei der Überwindung der Einzelstunden und reicht über flexible Formen der Raumnutzung bis hin zur Einrichtung spezifischer Lehrerteams, die in ausgewählten Klassen mit hohem Stundendeputat u. a. Kommunikationstraining praktizieren. Nötig sind von daher verstärkt Doppelstunden und größere Zeitblöcke bis hin zur vorgestellten Trainingswoche aus einem Guss, die in der Regel von 3er-Teams verantwortlich vorbereitet und im Wechsel relativ organisch durchgeführt und moderiert wird. Teamarbeit, größere Stundenblöcke, Projekttage und Projektwochen, Stammräume zumindest für die gelegentlich anzusetzenden Trainingswochen, kommunikationsfördernde Sitzordnungen – das sind einige dieser organisatorischen Innovationen, die in Angriff genommen werden müssen, wenn die skizzierte Kommunikationsschulung nicht unnötig erschwert werden soll. Dass all dieses durchaus geht und praktikabel ist, das zeigt u. a. das Trifels-Gymnasium in Annweiler, in dem die angesprochenen Innovationsmaßnahmen in Kooperation mit dem Verfasser recht konsequent und erfolgreich umgesetzt wurden.

KOMMUNIKATIONS-
Training.
mit
Dr. H. Klippert

Rhetorix
Rhetorik
-
Feuerwerk

3.4 Teamentwicklung im Klassenraum – Anregungen zur Effektivierung des Gruppenunterrichts

Das landläufige Zusammensitzen an Gruppentischen ist in der Regel noch keine Teamarbeit. Auch wohlgemeinte Tips und Ermahnungen von Lehrerseite sind erfahrungsgemäß nur sehr begrenzt geeignet, die Schülerinnen und Schüler zu konstruktiver Gruppenarbeit zu veranlassen und zu befähigen. Teamfähigkeit ist letztlich eine ausgesprochen anspruchsvolle Zielsetzung und muss ebenso kleinschrittig wie konsequent eingeübt werden. Diese Übungs- und Klärungsarbeit wird in unseren Schulen bislang zu wenig bedacht und geleistet. Kein Wunder also, dass sich viele Schülerinnen und Schüler mit der alltäglichen Gruppenarbeit schwer tun und erhebliche Vorbehalte äußern, wenn sie nach dem Sinn und Zweck des Gruppenunterrichts gefragt werden. Vorbehalte kommen allerdings nicht nur von Schülerseite, sondern werden auch von Seiten vieler Lehrkräfte vorgebracht.

3.4.1 Problemanzeigen zur alltäglichen Gruppenarbeit

Im Unterrichtsalltag dominieren die eher unzulänglichen Gruppenarbeitsprozesse. Zumindest lässt sich dieses Fazit aus diversen Lehrerbefragungen ableiten, die der Verfasser in den letzten Jahren im Rahmen seiner schulinternen Lehrerfortbildung durchgeführt hat. Beklagt wird: »Da arbeitet einer für alle ...«; »da wird mehr gegeneinander als miteinander gearbeitet ...«; »da trödeln viele Gruppenmitglieder herum und kommen zu keinem rechten Ergebnis ...«; »da hapert es beim Zeitmanagement genauso wie bei der Arbeitsorganisation ...«; »da kommen stille Schülerinnen und Schüler zu kurz oder werden womöglich ganz untergebuttert ...«; »da ist die Ergebnispräsentation langweilig und schlecht organisiert ...«; »da wird Gruppenarbeit als Zeitvergeudung eingestuft und nur widerwillig mitgemacht oder gar ganz boykottiert ...«; »da wird die Lautstärke überzogen und die Arbeit der Mitschüler gestört ...«; »da wird oberflächlich herumpalavert und der fachliche Tiefgang vermieden ...«; »da gibt es zahlreiche Trittbrettfahrer, die sich im Schatten leistungswilliger Gruppenmitglieder erfolgreich vor der Arbeit drücken ...«; »da werden ständig irgendwelche Konflikte produziert, die sich hernach kaum noch kanalisieren lassen ...«; »da stimmen die Rahmenbedingungen nicht (Einzelstunden, Stoffdruck, hohe Schülerzahl, kleine Klassenräume, fehlendes Arbeitsmaterial etc.) und erschweren für Lehrerinnen und Lehrer wie Schülerinnen und Schüler eine halbwegs effektive Gruppenarbeit ...« – so oder ähnlich lauten die Vorbehalte und Kritikpunkte der befragten Lehrkräfte gegenüber dem Gruppenunterricht. Zugegeben, viele dieser Einwände sind durchaus berechtigt und machen es den Lehrkräften im Schulalltag in der Tat schwer, Gruppenarbeit zu wagen. Wenn Klaus Hage und andere in ihrer Untersuchung zum Methodenrepertoire von Lehrerinnen und Lehrern nachgewiesen haben, dass nur rund sechs Prozent der Unterrichtszeit mit Gruppenarbeit ausgefüllt sind, dann erklärt sich diese Zurückhaltung aus den angedeuteten Defiziten und Friktionen (vgl. Hage u. a. 1985, S. 64). Nur wäre es falsch, diese Unzulänglichkeiten allein den Schülerinnen und Schülern anlasten zu wollen. Die meisten Schülerinnen und Schüler sind erfahrungsgemäß schlicht überfordert, wenn Gruppenarbeit angesagt ist, und verlieren sich von daher leicht in irgendwelchen Streitereien, Pseudoaktivitäten und/oder Arbeitsvermeidungsstrategien. Mit anderen Worten: Ihnen mangelt es häufig am erforderlichen

Know-how, wie gute Gruppenarbeit auszugestalten ist und welche Verhaltensweisen die Gruppenmitglieder an den Tag legen müssen, damit eine effektive Zusammenarbeit erreicht wird. Dieses Know-how müssen die Schülerinnen und Schüler im Unterricht lernen und immer wieder bewusst und durchdacht anwenden, damit sie die nötigen Handlungsroutinen erwerben.

Gute Gruppenarbeit ist eine äußerst anspruchsvolle Arbeitsform. Wenn die landläufige Gruppenarbeit tatsächlich zur Teamarbeit werden soll, dann müssen die Schülerinnen und Schüler nachhaltig qualifiziert werden, sensibel, rücksichtsvoll und regelkundig zusammenzuarbeiten und die jeweilige Aufgabe in konzertierter Weise zu lösen. Teamarbeit in diesem Sinne verlangt weiterhin, dass die jeweiligen Gruppenmitglieder im besten Sinne des Wortes aufeinander angewiesen sind und sich bei der anstehenden Aufgabenbewältigung wechselseitig unterstützen und bestärken. Und Teamarbeit erfordert nicht zuletzt, dass die Schülerinnen und Schüler bereit und in der Lage sind, gruppeninterne Störungen und/oder Trödeleien möglichst konsequent zu unterbinden und die Gruppenmitglieder immer wieder zu konstruktiver Mitarbeit anzuhalten. Nötig sind von daher sowohl einschlägige Regelwerke als auch spezielle Regelbeobachter. Und nötig sind ferner regelorientierte Reflexionen und Sanktionen, für die die jeweiligen Gruppenmitglieder verantwortlich zeichnen. Teamarbeit ist also nicht allein durch gruppendynamische Übungen und Befindlichkeitsklärungen sicherzustellen, sondern sie braucht auch und vor allem eingespielte Regeln, Arbeitsabläufe und Interaktionsroutinen. Die hier zur Debatte stehende Teamentwicklung zielt auf diese Art der Routinebildung.

3.4.2 Teamfähigkeit als Bildungsziel

Teamfähigkeit wird in den letzten Jahren immer nachdrücklicher gefordert: Von Wirtschaftsvertretern genauso wie von Vertretern der Bildungspolitik und der Schulverwaltung (vgl. Abbildung 27). Teamfähigkeit gilt zu Recht als Schlüsselqualifikation in einer postindustriellen Gesellschaft, in der die Arbeitsprozesse zunehmend auf Kooperation angewiesen sind. Einerseits nimmt die Halbwertzeit des Fachwissens dramatisch ab, andererseits werden die realen Probleme und Aufgaben in den Betrieben aber immer komplexer. Von daher ist es zwingend erforderlich, dass unterschiedlich ausgebildete und spezialisierte Arbeitskräfte zusammenwirken, damit die konkreten Probleme bzw. Aufgaben vor Ort in konzertierter Weise gelöst werden können. Jeder einzelne für sich ist immer weniger in der Lage, den gestellten Anforderungen gerecht zu werden. Die Zukunft gehört nach allem, was wir heute wissen und abschätzen können, den Teams. Zumindest gilt das für die Groß- und Mittelbetriebe mit ihren hochtechnisierten Verfahren und Erzeugnissen. Kein Zweifel, dass die Schulen darauf reagieren und entsprechende Teamkompetenzen verstärkt vermitteln müssen. Allerdings wäre es falsch, würde die Bedeutung der Teamarbeit allein auf ökonomische Umstände und Sachzwänge zurückgeführt. Die Forderung nach Gruppenarbeit ist letztlich eine zutiefst pädagogische Forderung, die sich zwingend aus der Option für ganzheitliches Lernen und umfassende Persönlichkeitsentwicklung ergibt, wie sie von reformpädagogischer Seite seit Jahrzehnten erhoben wird. Wer die vielfältigen Begabungen der Schülerinnen und Schüler wirksam fördern und ihrem eigenverantwortlichen Arbeiten und Lernen im Unterricht verstärkt Raum geben möchte, der kommt eigentlich gar nicht umhin, den Gruppenunterricht gezielt zu forcieren. Denn nur auf diese Weise lässt sich die nötige

Teamarbeit steht hoch im Kurs

Auf welche Schlüsselqualifikationen Personalchefs bei jungen Bewerbern am meisten achten (Mehrfachnennungen möglich):

Qualifikationsbezeichnungen	%
sind kommunikativ und teamorientiert	96
zeigen hohen Leistungswillen	83
sind auch im privaten Umfeld (Kultur, Sport, Soziales) besonders engagiert	63
sind fähig, Kritik zu üben und anzunehmen	59
können sich sprachlich gut ausdrücken	56
haben in der Schul-/Studienzeit Betriebspraktika absolviert	49
verfügen über Fremdsprachenkenntnisse	44
sind durchsetzungsfähig	38
haben Erfahrungen im Umgang mit Computern	22
lassen auch gesellschaftspolitisches Interesse erkennen	21

aus: STERN 47/1995, S. 188 (befragt wurden Personalverantwortliche aus rund 250 großen deutschen Firmen)

Abb. 27

Kommunikation und Kooperation zwischen den Schülerinnen und Schülern sicherstellen, die gewährleistet, dass sich diese wechselseitig inspirieren und ermutigen, fragen und kontrollieren, unterstützten und vergewissern können. Zwar löst Gruppenarbeit ganz sicher nicht alle pädagogischen Probleme, wohl aber ist sie fraglos ein ganz zentraler Ansatz, um die Schülerinnen und Schüler stärker in die Verantwortung zu nehmen und wesentlich vielseitiger und zeitgemäßer zu qualifizieren, als das mit den traditionellen lehrerzentrierten Methoden möglich ist. Diese Einsicht ist zwar nicht neu, ist bislang aber viel zu wenig in die Tat umgesetzt worden. Lange Zeit galt die Forderung nach Gruppenunterricht und Teamfähigkeit als Marotte linker Ideologen und war schon von daher diskreditiert. Dieses Klischee hat sich in den letzen Jahren unverkennbar aufgelöst. Wohl zum ersten Mal in der Geschichte der Pädagogik haben wir die Situation, dass für die Intensivierung des Gruppenunterrichts nicht nur progressive Reformpädagogen, sondern auch und zugleich einflußreiche Vertreter der Wirtschaft plädieren. Das erhöht selbstverständlich die Chance, dass dem Gruppenunterricht in den Schulen mehr Anerkennung und Nachruck zuteil wird, als es in der Vergangenheit der Fall war.

Die Notwendigkeit der Teamentwicklung ist mittlerweile also nicht mehr strittig. Auch den Unterrichtspraktikern in den Schulen ist in den letzten Jahren zunehmend klar geworden, dass die allenthalben propagierten offenen Lernformen wie Projektarbeit, Wochenplanarbeit, Stationenarbeit und Freiarbeit in hohem Maße darauf angewiesen sind, dass die Schülerinnen und Schüler die Bereitschaft und die Fähigkeit besitzen, konstruktiv in Partner- und Gruppenarbeit zusammenzuarbeiten, um sich wechselseitig zu helfen und zu ermutigen, zu kontrollieren und zu kritisieren, zu fragen und zu inspirieren. Andernfalls sind viele schwache, ängstliche und/oder unselbständige Schülerinnen und Schüler beinahe zwangsläufig zum Scheitern verurteilt. Die Gefahr ist einfach zu groß, dass sie überfordert werden und deshalb dazu neigen, entweder vorschnell aufzugeben oder aber den Unterricht in irgendeiner anderen Weise zu stören. Da beides gleichermaßen fatal ist, gilt es in die Teamentwicklung zu investieren und die Schülerinnen und Schüler in Sachen Teamfähigkeit konsequent zu fordern und zu fördern.

Die Vorzüge des Gruppenunterrichts liegen auf der Hand und sind durch zahlreiche Untersuchungen nachgewiesen worden. Danach begünstigt konstruktive Gruppenarbeit nicht nur den Lernerfolg und das psychische Wohlbefinden der Schülerinnen und Schüler, sondern trägt auch und nicht zuletzt dazu bei, dass die auf Teamentwicklung setzenden Lehrkräfte im Unterricht nicht unwesentlich entlastet werden und ein Mehr an persönlicher Berufszufriedenheit erreichen. So gesehen ist eine verstärkte Gruppenarbeit ganz sicher eine Chance für alle Beteiligten: für die Schülerinnen und Schüler genauso wie für die Lehrerinnen und Lehrer. Zusammenfassend läßt sich festhalten: Gruppenarbeit ...

- ➡ reagiert auf den vorherrschenden Trend zur Einkind-Familie und gibt den Schülerinnen und Schülern Gelegenheit zum kompensatorischen sozialen Lernen sowie zur Entfaltung sozial-integrativer Fähigkeiten und Fertigkeiten;
- ➡ trägt den elementaren Kommunikations- und Kooperationsbedürfnissen der Schülerinnen und Schüler Rechnung und vermittelt ihnen tendenziell mehr Sicherheit, Geborgenheit, Motivation und Selbstwertgefühl;
- ➡ fördert die Auseinandersetzung mit dem Lernstoff und den je anstehenden Lernaufgaben und begünstigt damit den Erwerb nachhaltiger Fachkompetenz und vielseitiger fachlicher Kenntnisse und Erkenntnisse;
- ➡ korrespondiert mit den veränderten Bedingungen und Anforderungen in der modernen Berufs- und Arbeitswelt und ermöglicht den Schülerinnen und Schülern den Erwerb zukunftsträchtiger »Schlüsselqualifikationen«;
- ➡ erleichtert den Lehrerinnen und Lehrern die alltägliche Differenzierungs- und Disziplinierungsarbeit durch den Aufbau tragfähiger Helfer- und Erziehungssysteme in der Verantwortung der Schülerinnen und Schüler;
- ➡ reflektiert die demokratiefeindlichen Tendenzen in der modernen Jugendszene und leistet durch ihre sozial-integrative Ausrichtung einen nicht zu unterschätzenden Beitrag zur Gewaltprophylaxe in unserer Gesellschaft.

Grundsätzlich sind die Chancen der Gruppenarbeit um so größer, je geübter die Schülerinnen und Schüler sind, und je häufiger Gruppenunterricht praktiziert wird. In beiden Punkten kann im Schulalltag noch kräftig zugelegt werden, damit die positiven Seiten des Gruppenunterrichts wirksam zur Geltung kommen. In den nachfolgenden Abschnitten wird diese längst überfällige Teamentwicklungsarbeit näher skizziert.

3.4.3 Das 4-Stufen-Programm der Teamentwicklung

Kennzeichnend für die hier in Rede stehende Teamentwicklung ist die enge Koppelung von fächerübergreifendem *Teamtraining* und fachspezifischer *Teampflege.* Teamtraining meint, dass die Schülerinnen und Schüler in mehrtägigen Kompaktkursen höchst intensiv und differenziert mit den unterschiedlichsten Belangen und Regelungen guter Gruppenarbeit vertraut gemacht werden. Dazu gibt es eine Vielzahl von Übungen und Reflexionen, die dem in Abbildung 28 skizzierten Trainingsfahrplan folgen. Doch ein Trainingskurs allein reicht erfahrungsgemäß nicht aus, um auf Schülerseite nachhaltige Teamkompetenz entstehen zu lassen. Hinzu kommen muss zwingend die möglichst regelmäßige Auffrischung und Festigung der im Intensivkurs erarbeiteten Regeln und Verhaltensmaximen im alltäglichen Fachunterricht. Fehlen diese auffrischenden und vertiefenden Übungen und Reflexionen, so geht das im Zuge des Intensivtrainings erworbene Repertoire sehr schnell wieder verloren. Von daher ist es zwingend notwendig, dass sich möglichst viele Lehrkräfte einer Klasse der skizzierten Teamentwicklung annehmen und die eingeführten »Spielregeln« einigermaßen regelmäßig pflegen.

Diese letztgenannte »Teampflege« ist zunächst einmal Aufgabe der 3er-Teams und im Weiteren aller Fachlehrerinnen und Fachlehrer. Dagegen werden die fächerübergreifenden Intensivtrainings in aller Regel nur von den Lehrerinnen und Lehrern der 3er-Teams vorbereitet und durchgeführt, die in den betreffenden Klassen mit hohem Stundendeputat unterrichten und daher die Hauptverantwortung für die besagte Teamentwicklung tragen. Diese Kernlehrerinnen und Kernlehrer organisieren und moderieren in der Regel ein erstes Intensivtraining (Wochentraining) in der 5. Klasse und bauen dieses in den Jahrgangsstufen 7 und 9 durch weitere gezielte mehrtägige Trainingskurse aus. Zwischen diesen Trainingskursen läuft, wie erwähnt, die möglichst konsequente Anwendung und Vertiefung der vereinbarten Regeln und Verhaltensmaximen im Rahmen des normalen Fachunterrichts. Je mehr Lehrkräfte sich dieser Teampflege anschließen, desto besser!

Kennzeichnend für das skizzierte Trainingskonzept ist aber noch ein Weiteres, nämlich das ausgeprägte learning by doing der Schülerinnen und Schüler während der einzelnen Trainingsetappen (vgl. Abbildung 28). Über Teamarbeit wird also nicht nur informiert und geredet, sondern Teamarbeit wird vor allem praktisch eingeübt – kleinschrittig, durch vielfältige Übungen und Regelklärungen. Egal, ob die Schülerinnen und Schüler für die Bedeutung und die Vorzüge des Gruppenunterrichts sensibilisiert werden sollen (Stufe 1), ob sie zur Reflexion und Problematisierung alltäglicher Gruppenprozesse angehalten werden sollen (Stufe 2), ob es im Klassenverband elementare Teamregeln zu entwickeln und zu klären gilt (Stufe 3) oder ob es im Fachunterricht darum geht, gängige Grundformen der Gruppenarbeit durchzuspielen und die Schülerinnen und Schüler mit unterschiedlichen Ablaufmustern des Gruppenunterrichts vertraut zu machen (Stufe 4) – stets ist learning by doing angesagt. Die Schülerinnen und Schüler agieren in vielfältiger Weise: Sie argumentieren und diskutieren, sie planen und organisieren, sie schreiben und gestalten, sie reflektieren und kritisieren, sie visualisieren und präsentieren, sie entscheiden und bewerten, etc. Dieses aktive, spielerische Lernen ist nicht nur eine wesentliche Stütze der Schülermotivation, sondern gewährleistet auch und nicht zuletzt die nötigen Klärungsprozesse, ohne die eine nachhaltige Teamkompetenz auf Schülerseite letztlich nicht zu erreichen ist.

Das 4-Stufen-Modell der Teamentwicklung

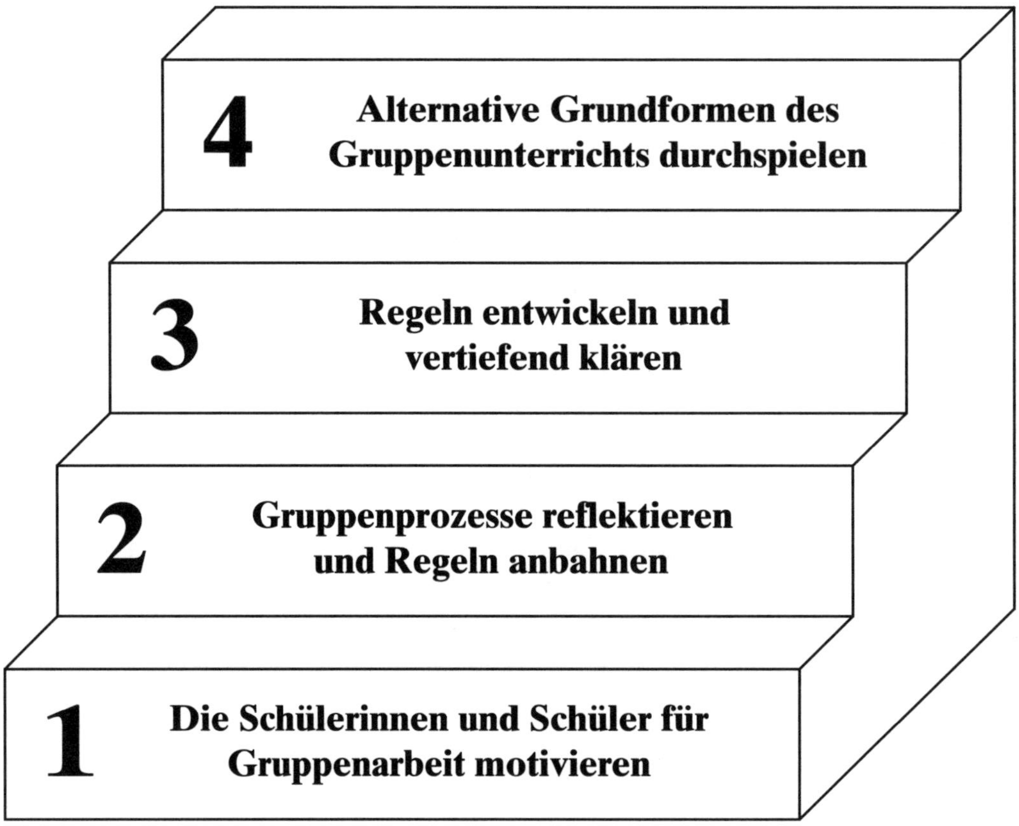

© Dr. Heinz Klippert Abb. 28

3.4.4 Praktische Tips für die 3er-Teams

Die hier vorgeschlagene Teamentwicklungsarbeit setzt ganz dezidiert auf arbeitsorganisatorische Regelungen und Verabredungen, die eine konstruktive Gruppenarbeit begünstigen. Zwar bieten derartige Regelwerke noch keine Gewähr dafür, dass sich die anvisierte Teamkompetenz auf Schülerseite auch tatsächlich einstellt, da es selbstverständlich auch emotionale und sonstige psychosoziale Blockierungen geben kann, die durch sachrationale Klärungen und Vereinbarungen allein nicht aus der Welt zu schaffen sind. Wohl aber zeigen die bisherigen Erfahrungen und Versuche des Verfasser, dass sich mit einer konsequenten Regel- und Routinebildung in organisatorischer wie in interaktiver Hinsicht ein höchst wirksamer Zugewinn an Teamkompetenz und -effizienz auf Schülerseite erreichen lässt. Wichtig dabei ist, dass einige pädagogisch-organisatorische Maximen bedacht werden:

■ *Die Unterrichtsatmosphäre muss stimmen!*
Gute Gruppenarbeit verlangt eine ansprechende Arbeitsatmosphäre. Das beginnt bei der Sitzordnung und reicht über großzügig zu bemessende Zeittakte (Doppelstunden etc.) bis hin zur Bereitstellung der notwendigen Arbeitsmittel, Regale, Nachschlagewerke und Pinnwände/Plakatflächen zur Visualisierung und Präsentation der Gruppenergebnisse. Zwar sind diese »Ressourcen« angesichts der chronischen Finanznöte vieler Schulträger längst nicht überall vorhanden, aber als Perspektive sollten sie auf jeden Fall im Blick bleiben.

■ *Gruppenbildung nach dem Zufallsprinzip!*
Eine entscheidende Voraussetzung für wirksames soziales Lernen ist das nähere Kennenlernen möglichst aller Mitschülerinnen und Mitschüler in den verschiedensten Arbeitszusammenhängen. Viele Schülerinnen und Schüler gehen sich nämlich recht konsequent aus dem Weg, wenn sie die Möglichkeit haben, sich nach Interesse und Neigung in Gruppen zusammenzufinden. Auf diese Weise werden die bestehenden Vorurteile und Abgrenzungstendenzen nur zementiert. Die Gruppenbildung nach dem Zufallsprinzip (Losen, Abzählen etc.) wirkt diesen Abgrenzungsbestrebungen entgegen und sorgt dafür, dass die unterschiedlichsten Schülerinnen und Schüler über kürzere oder längere Zeit zusammenarbeiten müssen. Das schafft Kontakte und fördert das Wir-Gefühl. Interessant dabei ist, dass der Zufall als Zuordnungsinstrument von den Schülerinnen und Schülern in aller Regel klaglos akzeptiert wird, nicht aber die direkte Versetzung bzw. Zuweisung durch die Lehrperson. Selbstverständlich gibt es dann und wann auch mal Neigungs- bzw. Interessengruppen, zu denen sich die Schülerinnen und Schüler nach eigenem Gusto zusammenfinden können. Das Zufallsprinzip ist und bleibt jedoch das vorherrschende Prinzip bei der Gruppenbildung.

■ *Praktikable Sitzordnung!*
Wenn Gruppenarbeit stärker kultiviert werden soll, dann bedarf es einer flexiblen Sitzordnung, die sowohl Gruppenarbeit als auch Frontalbelehrung ermöglicht, ohne dass Tische und Stühle aufwendig umgestellt werden müssen. Denn im alltäglichen Unterricht wechseln sich Gruppenarbeit und Frontalunterricht eigentlich ständig ab. Die in Abbildung 29 skizzierte Winkel-Sitzordnung trägt diesem Wechselspiel Rechnung und hat sich als Kompromiss im Schulalltag recht gut bewährt, da die Schülerinnen und Schü-

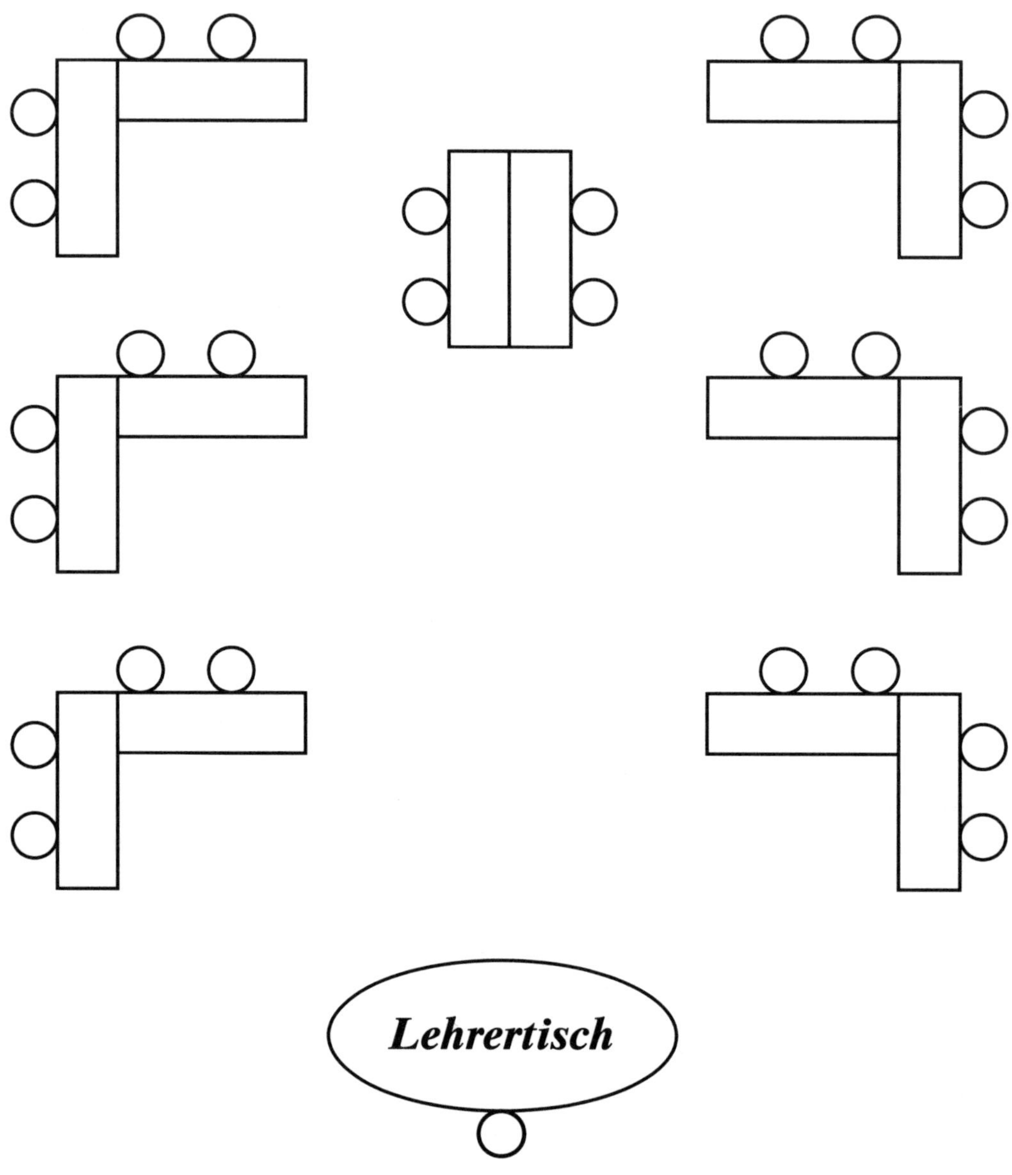

Abb. 29

ler Blickkontakt sowohl zu ihren jeweiligen Gruppenmitgliedern als auch zur Tafel hin haben. Das lästige Umstellen des Mobiliars entfällt also. Lediglich bei längeren Gruppenarbeitsphasen werden die einzelnen Tischpaare zu größeren Arbeitsplattformen zusammengestellt. Das geht nicht nur schnell, sondern auch nahezu lautlos vonstatten.

■ *Klare Regelvereinbarungen*
Gute Gruppenarbeit verlangt klare Ablauf- und Interaktionsregeln. Diese herzuleiten und konsequent einzuüben, ist Aufgabe des erwähnten Teamtrainings. Die betreffenden Regelwerke reichen vom Verhaltenskodex über den Gruppenarbeitsfahrplan bis hin zu einschlägigen Präsentations- und Feedbackregeln. Diese Regelwerke werden von den Schülerinnen und Schülern im Zuge diverser Übungen sukzessive erarbeitet, auf großen Plakaten visualisiert und zudem als Merkposten ins persönliche Arbeitsheft eingetragen. Nähere Hinweise und Übungsmaterialien zu dieser Klärungsarbeit finden sich in dem im Anhang genannten Trainingshandbuch des Verfassers (vgl. Klippert 1998). Die in der jeweiligen Klasse entwickelten Regelwerke bilden sodann die Grundlage für je spezifische »Kontrollaktivitäten« der einzelnen Gruppenmitglieder. Da gibt es dann den *Regelbeobachter*, den *Fahrplanüberwacher*, den *Zeitwächter*, den *Gesprächsleiter* und den *Präsentator*. Die Spezialfunktionen werden im Wechsel von den jeweiligen Gruppenmitgliedern wahrgenommen.

■ *Regelmäßige Reflexionsphasen!*
Damit sich die vereinbarten Regeln einschleifen, werden die abgelaufenen Gruppenarbeitsprozesse von Zeit zu Zeit eingehender reflektiert. In der Anfangsphase des Teamtrainings finden diese Reflexionen ziemlich regelmäßig statt, später nur noch gelegentlich, wenn Bedarf besteht. Als Grundlage dieser Reflexionsphasen können richtige Bilanz- bzw. Feedbackbögen eingesetzt werden, wie sie im erwähnten Trainingshandbuch des Verfassers dokumentiert sind. Unter Umständen genügt aber auch ein einfaches Blitzlicht nach dem Motto: »Wie habt Ihr die abgelaufene Gruppenarbeit erlebt?« oder das Beschriften und Besprechen eines Feedbackplakats mit den Rubriken »Mir hat gefallen ...«, »Mich hat gestört ...«, »Ich wünsche mir für die nächste Gruppenarbeit ...«. Auch ein einfaches Stimmungsbild durch Ankreuzen auf einer Skala von 0 (sehr unzufrieden) bis 100 (sehr zufrieden) kann ein geeigneter Reflexions- und Gesprächsanlass sein.

■ *Kooperationsfördernde Aufgabenstellungen!*
Wirksame Gruppenarbeit verlangt, dass die Schülerinnen und Schüler schon durch die Art der Aufgabenstellung möglichst verbindlich zur Zusammenarbeit veranlasst werden. Von daher müssen die Lehrkräfte Aufgaben- bzw. Arbeitsarrangements überlegen und vorbereiten, die von den Gruppenmitgliedern nur im Wege der Kommunikation und der Kooperation bewältigt werden können. Dieses aufeinander Angewiesensein kennzeichnet gute Gruppenarbeitsaufgaben. Als kooperationsfördernd wirkt sich z. B. aus, wenn die Gruppenmitglieder differenzierte Sachinformationen zur Lösung einer gemeinsamen Aufgabe haben, oder wenn die betreffenden Gruppen in einem Wettbewerbsverhältnis zueinander stehen und unbedingt gewinnen wollen, oder wenn die Präsentatoren am Ende der Gruppenarbeit ausgelost werden und von daher alle Gruppenmitglieder darauf bedacht sein müssen, gut mitzuarbeiten, um im Eventualfall weder die Gruppe noch sich selbst zu blamieren. Der lapidare Hinweis »Analysiert gemeinsam den vorliegenden Text!« reicht als Impuls also nicht aus, um verbindliche Kooperation sicherzustellen.

■ *Teamfähigkeit muss bewertet werden!*
Wenn Teamfähigkeit als Lernziel angesteuert wird, dann muss sie nach einer gewissen Übungsphase auch bewertet werden. Andernfalls gerät der ganze Anspruch ins Wanken, denn was wichtig ist, wird in der Schule üblicherweise auch bewertet. Gerade die ambitionierten/leistungsstarken Schülerinnen und Schüler legen Wert auf diese notenmäßige Anerkennung ihrer gruppenspezifischen Leistungen. Diese Erwartung ist nicht nur verständlich, sie ist auch legitim. Wie eine gezielte Beurteilung der Teamkompetenz im Unterricht aussehen kann, geht ansatzweise aus dem abgebildeten Bewertungsbogen hervor (vgl. Abbildung 30). Vorausgesetzt, die angepeilten Verhaltensmaximen sind geklärt, erhalten die Schülerinnen und Schüler von Zeit zu Zeit Gelegenheit, sich als Beurteiler zu versuchen. Sie beurteilen zunächst sich selbst (Sb), dann die übrigen Gruppenmitglieder (Fb), um sich schließlich im Gespräch auf konsensfähige Punktzahlen bzw. Vornoten zu verständigen, die zwecks näherer Prüfung und Reflexion an die je zuständige Lehrkraft weitergeleitet werden. Dieses Prozedere läuft ein- bis zweimal pro Halbjahr ab. Dabei kommen keinesfalls gleich schlüssige Bewertungen heraus, sondern bei manchen Kriterien stehen am Anfang auch nur Fragezeichen. Mit der Zeit wird die Beobachtungs- und Beurteilungsleistung der Schülerinnen und Schüler wie der Lehrkräfte erfahrungsgemäß jedoch deutlich qualifizierter und fundierter. Je häufiger Gruppenarbeit praktiziert wird und je mehr Eindrücke von den einzelnen Gruppenmitgliedern vorliegen, desto zuverlässiger fällt die Beurteilung ihrer Teamfähigkeit aus. Selbstverständlich können statt der in Abbildung 30 ausgewiesenen zehn Kriterien auch weniger Beurteilungskriterien als verbindlich erklärt werden. Eine interessante Beobachtung zum Schluss: Die von vielen Lehrkräften befürchteten »Gefälligkeitsnoten« sind in den Erprobungsklassen durchweg ausgeblieben. Die Schülerinnen und Schüler haben sich in aller Regel sogar strenger bewertet als das ihre Lehrkräfte taten.

3.4.5 Vorstellung einer erprobten Trainingswoche

Den Kern der Teamentwicklung bilden, wie erwähnt, gelegentliche Intensivtrainings über mehrere Tage hinweg, die den Schülerinnen und Schülern Gelegenheit geben, die spezifischen Chancen und Spielregeln guter Gruppenarbeit zu entdecken und vertiefend zu klären. Wie ein fächerübergreifendes »Sockeltraining« ablaufen kann, zeigt die in Abbildung 31 skizzierte Trainingswoche. Durchgeführt wurde diese Trainingswoche u. a. in einer 10. Klasse eines rheinland-pfälzischen Gymnasiums. Die Schülerinnen und Schüler der Klasse 10b des Trifels-Gymnasiums im pfälzischen Annweiler waren – wie eine Vorbefragung ergab – in Sachen Teamarbeit eher unbedarft und gegenüber dem Gruppenunterricht ziemlich skeptisch eingestellt. Dennoch ließen sie sich auf die angebotene Trainingswoche recht bereitwillig ein, zumal auch ihre Eltern und ihre Lehrerinnen und Lehrer ein deutliches Interesse an einer Verbesserung der Teamfähigkeit signalisierten.

Die schulorganisatorischen Rahmenbedingungen der Trainingsarbeit sahen so aus, dass der normale Unterricht außer Kraft gesetzt war und die Schülerinnen und Schüler der Klasse 10b fünf Tage lang von der ersten bis zur sechsten Stunde ausschließlich damit befasst waren, sich in puncto Teamfähigkeit zu üben und die eigene Teamkompetenz zu verbessern. Während des Schulvormittags gab es weder Klingelzeichen noch galten die üblichen Pausenzeiten der Schule. Die Pausenzeiten wurden flexibel geregelt, je nachdem, wo sich vom Arbeitsprogramm und von der Arbeitsleistung her sinnvolle Ein-

Raster zur Bewertung der Teamfähigkeit

Verhalten in der Gruppe	**Namen der Gruppenmitglieder**																			
	Sb	Fb	∅	Lb	Sb	Fb	∅	Lb	Sb	Fb	∅	Lb	Sb	Fb	∅	Lb	Sb	Fb	∅	Lb
hilft anderen geduldig und geschickt																				
bringt mit seinen Ideen und Vorschlägen die Gruppe voran																				
achtet darauf, dass zügig angefangen und gearbeitet wird																				
bemüht sich sehr, dass alle in der Gruppe mitarbeiten																				
kann gut zuhören und kann auf andere eingehen																				
ist sachkundig und kann gut argumentieren																				
arbeitet in der Gruppe aktiv und interessiert mit																				
versteht es, bei Konflikten geschickt zu vermitteln																				
spricht »Missstände« in der Gruppe offen an																				
toleriert andere Meinungen und Vorschläge																				

⇒ Dieser Bewertungsbogen gibt Dir Gelegenheit zur Selbstbewertung = Sb sowie zur Fremdbewertung Deiner Gruppenmitglieder = Fb. Außerdem enthält er eine Spalte »∅«, in die Ihr später die Bewertungen eintragt, auf die Ihr Euch in der Gruppe verständigt habt. Die vierte Spalte bleibt frei: In diese trägt am Ende Euer/e Lehrer/in seine/ihre Bewertung ein.

⇒ Bei der Bewertung steht Dir eine Skala von 0 bis 4 zur Verfügung. »0« bedeutet, dass die betreffende Fähigkeit überhaupt nicht vorhanden ist, »1« heißt, sie ist etwas vorhanden, »2« heißt, sie ist einigermaßen vorhanden, »3«, sie ist ziemlich ausgeprägt vorhanden und »4«, sie ist sehr ausgeprägt vorhanden.

 Abb. 30

Ablauf der Trainingswoche

1. Tag

Pro und Kontra Gruppenarbeit – mehrstufiger Erfahrungsaustausch

- ❒ Vorstellung und Erläuterung des Trainingsprogramms
- ❒ Assoziationsübung zum Begriff Gruppenarbeit
- ❒ Problemanzeigen zur GA/Problemlösungsphantasien entwickeln
- ❒ Brainstorming zu den Vorzügen der GA
- ❒ Schatzsuche: Eine gelungene GA rekonstruieren
- ❒ Bewertung und Diskussion ausgewählter »Killerphrasen« zur GA
- ❒ Hausaufgabe: Zeitungsartikel schreiben

2. Tag

Warum Gruppenarbeit wichtig ist – vertiefende Übungen

- ❒ Zeitungsartikel verlesen und besprechen
- ❒ Simulationsspiel zu einem Einstellungsgespräch
- ❒ Plädoyers für GA aus der Sicht der Wirtschaft halten
- ❒ Simulationsspiel »Gruppenarbeit – Einzelarbeit«
- ❒ Expertenvorträge auf der Basis vorzubereitender Info-Bausteine
- ❒ Plakat unter dem Motto »Top im Team« gestalten
- ❒ Hausaufgabe: Leserbrief zu einem teamkritischen Zeitungskommentar schreiben.

3. Tag

Alltägliche Gruppenprozesse analysieren und reflektieren

- ❒ Leserbriefe vorlesen und besprechen
- ❒ Entscheidungsspiel durchführen
- ❒ Themenzentriertes Plakat erstellen
- ❒ Werbesendung fürs Trifels-Gymnasium produzieren
- ❒ Hausaufgabe: Vorschläge zur Lösung vorgegebener Gruppenkonflikte entwickeln.

4. Tag

Regeln für »gute GA« schrittweise erarbeiten und visualisieren

- ❒ Konfliktlösungsstrategien besprechen
- ❒ Regelplakat erstellen
- ❒ Gruppenarbeitsfahrplan erstellen
- ❒ Fallstudie »GA mit Regelverstößen« bearbeiten
- ❒ Eine gelungene Präsentation analysieren
- ❒ Hausaufgabe: Stellenanzeige für ein neues Gruppenmitglied entwerfen.

5. Tag

Vereinbarte Regeln festigen und exemplarisch anwenden

- ❒ Gemeinsame Stellenanzeige für neues Gruppenmitglied erarbeiten
- ❒ Aufgabenbeschreibung anfertigen »Was ist zu tun, wenn . . .«
- ❒ Regelgebundene GA zum Thema »Gruppenarbeit im Betrieb« durchführen und analysieren
- ❒ Wochenbilanz: Brainwriting zum abgelaufenen Arbeitsprozess.

 Abb. 31

schnitte anboten. So gesehen konnte recht organisch und systematisch gearbeitet werden.

Als Klassenraum stand während der ganzen Woche ein freigeblockter Raum in einem Nebengebäude der Schule zur Verfügung. In diesem Raum gab es zudem genügend freie Wände, die zu Visualisierungszwecken genutzt werden konnten. So entstand nach und nach eine richtige Lernlandschaft mit zahlreichen Plakaten und sonstigen Visualisierungen, die die erstellten Arbeitsergebnisse und Regeln ständig vor Augen hielten. Zu dieser Lernlandschaft gehörte nicht zuletzt ein Stuhlkreis als Standardsitzordnung. Die Tische waren bis auf zwei Abstelltische aus dem Raum entfernt worden, so dass nicht nur zusätzlicher Platz entstand, sondern die Gruppenbildung auch recht problemlos möglich war.

Was während der fünf Trainingstage so alles in Angriff genommen wurde, geht aus dem Übungsprogramm in Abbildung 31 hervor. An den beiden ersten Tagen ging es vorrangig darum, die Schülerinnen und Schüler für die Probleme und Chancen des Gruppenunterrichts zu sensibilisieren und in ihnen die Überzeugung reifen zu lassen, dass Gruppenarbeit wichtig ist und möglichst konsequent geübt und gelernt werden muss. Am dritten Tag stand alsdann die Analyse konkreter Gruppenprozesse und -probleme mit dem Ziel auf dem Programm, auf Schülerseite ein gewisses Regelbewusstsein anzubahnen. Dieses Regelbewusstsein wurde an den beiden letzten Wochentagen systematisch ausgebaut und durch ausgewählte Übungen und Reflexionen gefestigt. Abgeschlossen wurde die Trainingswoche mit einer komplexeren Gruppenarbeit zum Thema »Gruppenarbeit im Betrieb«, die es regelgebunden durchzuführen galt. Grundsätzlich stand an allen Wochentagen das learning by doing im Vordergrund. Das war für die Schülerinnen und Schüler zwar recht arbeitsintensiv und anstrengend, letztlich aber auch sehr lebendig und motivierend. Da eine nähere Dokumentation der einzelnen Übungen und Arbeitsmaterialien hier aus Platzgründen nicht möglich ist, bleibt nur der Hinweis auf das im Anhang genannte Trainingshandbuch des Verfassers (vgl. Klippert 1998). Darin sind alle Übungsbausteine dokumentiert.

Wie das Feedback der Schülerinnen und Schüler am Ende der Trainingswoche zeigte, waren sie mit dem Verlauf und den Ergebnissen der Trainingsarbeit durchweg zufrieden bis sehr zufrieden. Als besonders positiv wurde das vielseitige Erarbeiten, Diskutieren, Visualisieren und Präsentieren von immer neuen Lernprodukten hervorgehoben sowie die intensive Auseinandersetzung mit dem Thema »Teamarbeit« über mehrere Tage hinweg. »Endlich haben wir mal ausgiebiger Zeit gehabt, uns über den Sinn und Zweck der Gruppenarbeit klar zu werden und genauer festzuhalten, was gute Gruppenarbeit ist und was wir als Schüler so alles beachten müssen, wenn wir in Gruppen arbeiten sollen« – so fasste einer der Schüler seine Wochenbilanz zusammen. Die übrigen Schülerinnen und Schüler signalisierten deutliche Zustimmung. Bemängelt wurde von drei Schülerinnen und Schülern lediglich der Umstand, dass es nach den spannenden und abwechslungsreichen Übungen in der Anfangsphase gegen Mitte der Woche doch etwas langweilig geworden sei, da sich einige Übungen erheblich überschnitten hätten und deshalb zu wenig Neues geboten worden sei. Am Freitag sei es dann jedoch wieder richtig interessant geworden. Zugegeben, diese Redundanzen hat es gegeben; und diese wird es auch weiterhin geben müssen, da viele Schülerinnen und Schüler erst durch die partiellen Überschneidungen und Wiederholungen zum nötigen Durchblick und Regelverständnis gelangen.

3.4.6 Teamentwicklung verlangt Teamarbeit der Lehrer!

Teamentwicklung im Klassenraum ist ohne eine konsequente Kooperation der Lehrkräfte auf Klassen- und auf Fachebene kaum zu bewerkstelligen. Zwar müssen keineswegs alle Lehrkräfte einer Klasse aktiv mitmachen, aber einige engagierte und trainierte Lehrerinnen und Lehrer braucht es schon, um die betreffenden Schülerinnen und Schüler in puncto Teamkompetenz entscheidend nach vorne zu bringen. In der Regel bilden drei Kernlehrerinnen oder Kernlehrer pro Klasse das sogenannte 3er-Team, das mit hohem Stundendeputat (Richtwert: 15 Stunden plus x pro Woche) daran geht, die Teamkompetenz der Schülerinnen und Schüler ebenso kleinschrittig wie konsequent zu fördern. Sie sind erfahrungsgemäß in der Lage, eine Klasse zu prägen und deren Arbeits- und Kooperationsverhalten maßgeblich zu beeinflussen. Diese Kernlehrerinnen und Kernlehrer sind sowohl für das erwähnte Sockeltraining als auch für die darauf aufbauende Teampflege im Fachunterricht zuständig. Natürlich sind auch andere Lehrkräfte eingeladen, den Teamgeist in der jeweiligen Klasse zu fördern.

Voraussetzung einer derartigen konzertierten Aktion ist allerdings, dass die betreffenden Lehrkräfte Zeit und Gelegenheit haben, das anvisierte Trainingsprogramm gemeinsam vorzubereiten und die individuellen Zuständigkeiten und Aufgaben klar abzustimmen. Diese Planungs- und Koordinierungsarbeit verlangt zwingend nach verstärkter Kooperation – während der Unterrichtsvorbereitung genauso wie im Unterricht selbst. Gemeinsame Planungen und Absprachen, Hospitationen sowie aufgabenzentrierte Konferenzen, Teamklausurtage und Fortbildungsbesuche bieten sich diesbezüglich als bewährte »Lerninseln« an. Dazu müssen die betreffenden Lehrkräfte gelegentlich auch vom Unterricht freigestellt werden, um z. B. das skizzierte Wochentraining und/oder den korrespondierenden Elternabend differenziert vorzubereiten. Auch die fachspezifische Teampflege bedarf neuer Überlegungen und Vorbereitungsmaßnahmen, die nicht nur so nebenbei in den nachmittäglichen Fachkonferenzen zu erledigen sind. Diesbezüglich haben sich unter anderem ganztägige »produktive Fachkonferenzen« uneingeschränkt bewährt, die den betreffenden Fachlehrerinnen und Fachlehrern Gelegenheit geben, innovative, teamorientierte Lehr-/Lernarrangements vorzubereiten und die zugehörigen Arbeitsmaterialien gemeinsam zu entwickeln.

Teamfähigkeit zu lernen ist also nicht nur eine Aufgabe der Schülerinnen und Schüler, sondern auch und zugleich eine Aufgabe und Herausforderung für viele Lehrkräfte. Vor allem dort, wo Innovationen gefordert sind, ist Teamarbeit in höchstem Maße angezeigt. Teamarbeit der Lehrkräfte wirkt erwiesenermaßen sowohl inspirierend und motivierend, als auch zeitsparend und entlastend. Und was im Zusammenhang mit der hier interessierenden »Teamentwicklung im Klassenraum« nicht minder wichtig ist: Die Teamarbeit des 3er-Teams schafft die Grundlage für eine nachdrückliche und erfolgversprechende Teamentwicklung in den Klassen, da die Schülerinnen und Schüler in puncto Teamfähigkeit sehr viel konsequenter gefordert und gefördert werden können, als wenn sich jede Lehrkraft für sich allein abmüht. Teamarbeit ist von daher ein chancenreiches Unterfangen – für die Schülerinnen und Schüler genauso wie für die Lehrerinnen und Lehrer.

Abb. 32

3.5 Interview mit Dr. Heinz Klippert über sein Methodentraining mit Lehrern und Schülern[1]

Dr. Heinz Klippert, Jahrgang 1948, ist Dozent am Lehrerfortbildungsinstitut der evangelischen Kirchen in Rheinland-Pfalz in Landau. Mit seinen Methodentrainings ist er inzwischen über die Grenzen der Pfalz und der Bundesrepublik hinaus bekannt. Nach seinem Trainingsprogramm hat er in Rheinland-Pfalz Schulen verändert, nach seinem Konzept der Pädagogischen Schulentwicklung wurden die Schulen in kommunaler Trägerschaft in München und Nürnberg verändert. In Wien und in der Steiermark arbeitet er und reist mit seinen Trainingsprogrammen durch die deutschen Auslandsschulen. Künftig wird er auch den von der Bertelsmann Stiftung initiierten Flächenversuch zur Gestaltung regionaler Schullandschaften in Herford und Leverkusen begleiten. Seine Bausteine zum Methoden-Team- und Kommunikationstraining sind inzwischen als Buch erschienen, der Südwestfunk vertreibt eine Videokassette mit einem Film, in dem sein Konzept vorgestellt wird.

»Herr Klippert, woran leiden Lehrer eigentlich, woher kommt der Problemdruck, aus dem heraus sie sich an Sie wenden?«

»Ich will zunächst mal eine Lanze für die Lehrer brechen – ich denke, der Lehrerberuf ist ungemein strapaziös, da sich nicht nur die Anforderungen an die Schule, sondern auch die Schüler selbst stark verändert haben. Gemessen an dem, was die Kinder heute erwarten und brauchen, sind die Lehrkräfte denkbar schlecht ausgebildet. Und diese Diskrepanz zwischen den Angeboten der Lehrkräfte und den Erwartungen der Schüler schafft Unterrichtsstörungen, Leistungsversagen, macht viele Lehrkräfte unzufrieden. Ich meine, die Unzufriedenheit rührt nur zum Teil aus den schlechten Rahmenbedingungen, sie rührt zu einem großen Teil aus dem alltäglichen unbefriedigenden Geschehen im Unterricht. Die meisten Lehrkräfte haben einfach zu wenig Erfolgserlebnisse.«

»Welche Ansprüche stellen Lehrer an sich, welche werden von außen gestellt? Sind Lehrer nicht damit zufrieden, wenn sie eine Stunde gut über die Runden bekommen haben?«

»Natürlich haben Lehrkräfte das legitime Bedürfnis, nicht nur Stoff durchzunehmen, sondern akzeptiert zu sein, bei den Schülern anzukommen, also schlicht, sich wohl zu fühlen in den einzelnen Unterrichtsstunden. Nur haben wir die Schwierigkeit, dass die traditionellen Methoden bei den Schülern immer weniger ziehen. Von daher müssen andere Zugänge zu den Kindern gesucht werden. Und an diesem Punkt sind wir heute, dass immer mehr Lehrkräfte begreifen, dass sie andere Methoden entwickeln und einsetzen müssen, um mit diesen Kindern zufriedenstellender arbeiten zu können.«

»Sie gehen davon aus, dass es Innovationsbereitschaft gibt, aber es fehlen den Lehrerinnen und Lehrern noch die Kompetenzen?«

»Ich beobachte, dass die meisten Lehrkräfte durchaus etwas verändern wollen, aber sie wissen häufig nicht wie. Wir haben in den Schulen vielleicht 10 bis 20 Prozent kreative Leute mit ausgeprägtem Unternehmungsgeist, nur mit denen allein kriegen wir diesen

1 von Karl-Heinz Heinemann, in: Deutsche Lehrerzeitung vom 26.6.1997

Tanker Schule nicht voran. Wir müssen auf die übrigen Lehrkräfte schauen, die durchaus gutwillig sind, die erforderlichen Innovationen aus eigenen Kräften aber nicht schaffen. Ich bin der Ansicht, dass hier die Lehrerfortbildung mit Unterstützungssystemen und gezielten Trainings ansetzen muss, damit der Erkenntnis und Bereitschaft auch konkrete, erfolgreiche Schritte folgen.«

»Lehrer werden durch verschlechterte Rahmenbedingungen frustriert. Die Klassen werden größer, die Unterrichtsverpflichtung wird hoch gesetzt. Das erhöht nicht gerade die Innovationsbereitschaft.«

»In der Tat. Wir haben hier in Rheinland-Pfalz nach der ersten Arbeitszeiterhöhung eine Durststrecke gehabt, was die Innovationsbereitschaft betraf. Inzwischen haben die Lehrkräfte gemerkt, die äußeren Rahmenbedingungen werden nicht besser. Entlastung muss im eigenen schulischen und unterrichtlichen Bereich erreicht werden: von denen, die dort arbeiten. Also, ich stelle in den letzten Jahren einen wachsenden Realismus nach der Devise fest: ›Wir müssen die Dinge selbst in die Hand nehmen.‹ Das ist der Tenor, auch bei vielen Lehrkräften, die nicht zur Avantgarde gehören.«

»Also weitere Belastung von den Kultusministerien, doch Sie können den Lehrern Entlastung bringen?«

»Ich versuche zumindest, über die Vermittlung neuer Methoden greifbare Entlastungsperspektiven anzubieten. Ich will den Lehrerkräften keine abstrakten Empfehlungen geben, wie sie den Unterricht machen sollen, sondern ich will ihnen in meinen Trainingsseminaren Methoden erfahrbar machen, die sowohl eine zeitgemäße Bildungsarbeit gewährleisten als auch in überzeugender Weise Entlastung für die Lehrkräfte versprechen. Das macht die Sache attraktiv und stärkt die Innovationsbereitschaft.«

»Man sollte davon ausgehen, dass Lehrerinnen und Lehrer Unterrichtsmethoden in der Ausbildung lernen – was bringen Sie ihnen neues bei?«

»Die heutigen Lehrkräfte haben überwiegend Methoden für den darbietenden, lehrerzentrierten Unterricht gelernt. Der Lehrer war und ist der Akteur, der die Schüler lehrt. Er macht das Tafelbild, erläutert Sachverhalte, löst Probleme, fasst zusammen. Die Frage ist nur, ob die Schüler so auch lernen können. Die meisten Schüler tun sich mit diesem rezeptiven Lernen äußerst schwer. Ihre Rezeptionsbereitschaft und -fähigkeit hat stark abgenommen. Deshalb müssen neue Methoden her, die die Schüler stärker aktiv werden lassen. Und solche Lernarrangements zu entwickeln, bei denen die Schüler zum Sprechen, zum Strukturieren von Lernergebnissen, zum Produzieren von Aufgaben und Fragen, zum Gestalten von Tafelbildern, zum Schreiben von guten Spickzetteln veranlasst werden, das müssen viele Lehrkräfte erst noch lernen und üben, weil sie in der Ausbildung diesbezüglich wenig mitbekommen haben.«

»Sie bringen zwei Dinge zusammen – Schüler sollen selbständig lernen, und damit sollen gleichzeitig die Lehrer entlastet werden, die nicht mehr die Alleinunterhalter sind.«

»Fakt ist: Es fehlt den Schülern in hohem Maße an Selbständigkeit, an Kommunikationsfähigkeit, an Methodenbeherrschung, an Selbstbewusstsein. Selbstvertrauen und Kreativität, aber auch an Teamfähigkeit. Das führt zu erheblichen Belastungen und Störungen im Unterricht. Wenn sich daran etwas ändern soll, dann müssen die Lehrer den Schülern entsprechende Lernarrangements anbieten, die die vorhandenen Defizite abbauen helfen. Den Schülern müssen verstärkt solche Lernanlässe angeboten werden.«

»Wie sehen die Anlässe aus?«

»Es hat sich für mich herauskristallisiert, dass wir auf drei Ebenen arbeiten müssen. Wir müssen den Schülern einmal verstärkt elementare Lern- und Arbeitstechniken einüben. Wir müssen zweitens mit ihnen Kommunikationstraining machen. Und wir müssen sie drittens ganz gezielt zum kooperativen Arbeiten in Gruppen befähigen. Damit dieses aber gelingen kann, müssen zuerst die Lehrkräfte trainiert werden. In unseren Trainingscamps wird eine breite Palette an Methoden und Übungen, die sich im Unterricht bewährt haben, mit den Lehrkräften durchgespielt; es geht also um learning by doing. Denn die meisten Lehrkräfte setzen neue Methoden erfahrungsgemäß erst dann um, wenn sie selbst Erfahrungen mit diesen Methoden gesammelt haben. Die Lehrkräfte trainieren also zum Beispiel in einer Trainingsspirale, wie man Klassenarbeiten systematisch und erfolgreich vorbereitet oder wie Lernstoff anschaulich strukturiert und visualisiert werden kann. Im Unterricht genügt es natürlich nicht, wenn nur ein Lehrer so etwas in einer Klasse macht. Für die Methoden-, Kommunikations- und Teamschulung braucht man viele Fächer und natürlich auch Lehrerteams.«

»Sie stellen den Unterricht in den Mittelpunkt. Dagegen gehen Konzepte zur Organisationsentwicklung von der ganzen Vielfalt der Probleme und Aufgaben der Schule aus. Unterricht ist ja nur ein Teil des ›Hauses des Lernens‹ ...«

»Aber ein sehr wichtiger! Wenn wir von vornherein die Schule als Ganzes entwickeln wollen und ganz offen alle Probleme diagnostizieren, die in der Schule da sind, dann laufen wir Gefahr, dass wir das Gros der Lehrer in den Kollegien überfordern. Um dieser drohenden Überforderung entgegenzuwirken, muss der Innovationsanspruch reduziert werden und dort ansetzen, wo die Lehrkräfte der Schuh drückt. Und der Unterricht hat auch in der subjektiven Wahrnehmung der Lehrer einen ganz zentralen Stellenwert und ist hochgradig problembeladen. Deshalb beginne ich dort, die Lehrkräfte in Bewegung kommen zu lassen, ihnen Mut zur Veränderung zu machen und sie im Sinne der Teambildung zusammenzuführen, damit sie später auch andere Bereiche der Schule verändern. In der Beschränkung der Innovationsaufgabe liegt die Chance, dass wir vorwärtskommen. Reduktion von Komplexität ist geboten.«

»Sie sind ein pädagogischer Optimist. Andere Schulkritiker stellen in Frage, ob man durch unterrichtliche Arrangements überhaupt noch etwas verbessern kann, weil die Lernvoraussetzungen so grundlegend gestört sind, dass man durch eine beschränkte Sicht auf den Unterricht nichts mehr verändern kann.«

»In dieser Hinsicht bin ich absoluter Optimist. In meiner Trainings- und Schulentwicklungsarbeit habe ich immer wieder festgestellt, dass das Lernziel Selbständigkeit keine Utopie ist. Die Schüler haben riesige Potentiale, die wir nur entwickeln müssen. Wir müssen mit ihnen kleinschrittig und viel konsequenter als bisher selbständiges, kooperatives Arbeiten und Lernen üben. Doch das Training ist nur das eine. Wir brauchen auch veränderte Stundentafeln, veränderte Klassenräume, wir brauchen mehr Doppelstunden, größere Zeittakte, mehr Flexibilität, damit die angedeuteten Methoden und Lernformen auch verwirklicht werden können. Wenn die Schüler z. B. Plakate gestalten. Reportagen erstellen oder Mathematikaufgaben entwickeln, dann brauchen sie einfach länger. Des Weiteren brauchen wir Lehrerteams, die möglichst viele Stunden in einer Klasse unterrichten, damit sie die Schüler intensiv fordern und fördern können. Ich habe die Vorstellung, dass drei Lehrkräfte in einer Klasse mehr als 15 Stunden in der Woche unterrichten, die flexibel genutzt werden können. Diese Teams sind auch für das Methoden-, das Kommunikations- und das Teamtraining zuständig.«

»Es bedeutet letztlich Mehrarbeit – man muss hospitieren und sich im Team vorbereiten.«

»Es bedeutet am Anfang sicherlich mehr Arbeit, da neue Verfahren vorbereitet und abgestimmt werden müssen. Aber diese Arbeit muss ja nicht unbedingt in zusätzlichen Konferenzen oder in der Freizeit geleistet werden. Ich bin der Ansicht, dass die Lehrkräfte für ihre Pionierarbeit auch freigestellt werden müssen. Wir räumen den Lehrkräften in unseren Modellschulen z. B. Teamklausurtage oder auch ganztägige Fachkonferenzen mit entsprechender Unterrichtsbefreiung ein. Das ist eine wichtige Geste, und das führt in aller Regel dazu, dass recht produktiv gearbeitet wird. Innovationen müssen für die Akteure einfach reizvoller werden. Später sind die betreffenden Lehrkräfte dann viel eher bereit, auch mal zusätzlich Freizeit zu opfern. Aber am Anfang muss der Zusatzaufwand minimiert werden, damit auch die Durchschnittslehrer zum Mitmachen ermutigt werden.«

»Muss man nun das Lehrbuch wegschmeißen, wenn man anfängt, mit neuen Methoden zu arbeiten?«

»Überhaupt nicht. Die Schulbücher sind wichtige Arbeitshilfen, Informationsmedien und Nachschlagewerke. Mit ihrer Hilfe können die Schüler Fragen beantworten, Probleme lösen oder auch Übungstests anfertigen. Mir geht es gerade darum, dass die Schüler angehalten werden, mit den im Klassensatz vorliegenden Büchern, Broschüren und sonstigen Materialien produktiv zu arbeiten. Ich bin strikt dagegen, dass wir unnötige Arbeitsbeschaffungsmaßnahmen für Lehrer entwickeln, indem diese in mühevoller Kleinarbeit eine Unzahl von Arbeitsblättern und sonstigen Lernhilfen perfekt erstellen müssen. Denn dadurch werden viele gutwillige und reformbereite Lehrkräfte abgeschreckt. Ich finde, wir werden nur dann vorwärtskommen, wenn wir die angestrebten Ziele mit einem minimalen Arbeitsaufwand erreichen. Das ist für mich das ökonomische Prinzip. Um es an einem Beispiel des Schulbuchs zu verdeutlichen: Ich kann den Schülern z. B. fünf Leitfragen zu Kapitel 3 des Schulbuches geben, die sie in eigener Regie in Einzel- oder Partnerarbeit zu beantworten haben. Dabei müssen sie im Schulbuch nachschlagen, selektiv lesen usw. Dies vorzubereiten kostet mich nicht viel Zeit. Ich kann aber noch intelligenter sein und die Schüler in Gruppen selbst Schlüsselfragen entwikkeln lassen, die zwischen den Gruppen ausgetauscht und bearbeitet werden. So wird der Stoff wiederholt und gleichzeitig Nachschlage-, Lese- und Fragetechnik geübt. Es geht also um eine möglichst intelligente Arbeits- und Lernorganisation.«

»Müsste man mit diesem Methodentraining nicht in der Lehrerausbildung anfangen?«

»Aber ganz sicher. Was ich in meinen Lehrertrainings mache, müsste ganz massiv in der Lehrerausbildung beginnen. Das gilt für die erste wie für die zweite Phase. Wir können doch in der Hochschule Methodenlernen und fachwissenschaftliches bzw. didaktisches Lernen hochgradig koppeln. Ich kann zu einem Fachinhalt eine Pro-und-kontra-Debatte organisieren, kann ein Hearing veranstalten, ein Planspiel durchführen, einen Vortrag vorbereiten, visualisieren und präsentieren lassen. Dieses Methodenlernen muss nach meiner Ansicht in der zweiten Phase der Lehrerausbildung noch kräftig ausgeweitet werden. Ich denke dabei an mehrtägige Trainingscamps für die angehenden Lehrkräfte, damit diese einen möglichst großen Strauß an kleinen methodischen Arrangements kennenlernen, die sich im alltäglichen Unterricht möglichst problemlos umsetzen lassen. Es geht nicht darum, nur von Projekten zu träumen: Das sind absolute Hochformen des eigenverantwortlichen Arbeitens. Wir brauchen vorrangig kleine Arrangements, die sich auch im 45-Minuten-Takt problemlos im normalen Fachunterricht umsetzen lassen. Darauf liegt in meinen Trainings der Schwerpunkt. Und darauf stellen auch meine im Beltz-Verlag erschienen Trainingsbücher ab.

Ein einfaches Beispiel ist der Doppelkreis als grundlegendes Kommunikationsarrangement. Die Schüler setzen sich paarweise gegenüber und halten sich nach einer Vorbereitungsphase anhand eines vorbereiteten Spickzettels Vorträge, erläutern ein Schaubild, beschreiben den Ablauf eines Versuchs in Physik – je nachdem, was gerade im Unterricht ansteht. So erreiche ich, dass zur gleichen Zeit nicht nur ein Schüler oder der Lehrer redet, sondern 15 Schüler sich mit Vorträgen versuchen, das freie Sprechen üben und gleichzeitig die Sache verdauen. Solche ›Methödchen‹ müssen die Lehrer in möglichst großer Vielzahl kennenlernen. Dazu brauchen wir Trainingscamps.«

»Und wo beziehen Sie Ihre Methoden her?«

»Ich habe drei Jahre als Lehrer an einer Gesamtschule gearbeitet, da bin ich angeregt worden, methodisch zu denken, das war eine erste Lerninsel für mich. In der Lehrerfortbildung habe ich dieses methodenorientierte Denken und Arbeiten konsequent fortgeführt, immer wieder experimentiert und mir auch aus Büchern und Zeitschriften Anregungen geholt. Ich kann für mich sagen, dass sich methodische Kreativität und Flexibilität in hohem Maße lernen lässt. Und natürlich hat mich das Feedback der Lehrer in meinen Tagungen immer wieder angespornt, mein Methodenrepertoire weiterzuentwickeln und die kleinen ›Methödchen‹ ernst zu nehmen.«

Literatur

Aebli, H.: Zwölf Grundformen des Lehrens und Lernens. Eine allgemeine Didaktik auf psychologischer Grundlage. Stuttgart 1983.

Bruner, J.S.: Der Akt der Entdeckung. In: Entdeckendes Lernen, hrsg. von H. Neber, 3. Aufl., Weinheim und Basel 1981, S. 15 ff.

Burkhard, Chr.: Selbstevaluation – Ein Beitrag zur Qualitätsentwicklung von Einzelschulen? Herausgegeben vom Landesinstitut für Schule und Weiterbildung, Soest 1995.

Buzan, T.: KopfTraining. Anleitung zum kreativen Denken. Tests und Übungen. München 1984.

Eikenbusch, G.: Praxishandbuch Schulentwicklung. Berlin 1998.

Hage, K. u. a.: Das Methoden-Repertoire von Lehrern. Eine Untersuchung zum Unterrichtsalltag in der Sekundarstufe I. Opladen 1985.

Klippert, H.: Projektwochen. Arbeitshilfen für Lehrer und Schulkollegien. Weinheim und Basel 1985 (3. Aufl. 1994).

Klippert, H.: Wirtschaftslehre mit Pfiff. Arbeitsblätter für einen produktiven Unterricht. 3 Bände. Stuttgart 1993 ff.

Klippert, H.: Methoden-Training. Übungsbausteine für den Unterricht. Weinheim und Basel 1994 (8. Auflage 1998).

Klippert, H.: Kommunikations-Training. Übungsbausteine für den Unterricht. Weinheim und Basel 1995 (5. Auflage 1998).

Klippert, H.: Planspiele. Spielvorlagen zum sozialen, politischen und methodischen Lernen in Gruppen. Weinheim und Basel 1996.

Klippert, H.: Schule entwickeln – Unterricht neu gestalten. Plädoyer für ein konzertiertes Innovationsmanagement. In: Pädagogik 2/1997, S. 12 ff.

Klippert, H.: Pädagogische Schulentwicklung. Ein integriertes Qualifizierungs- und Innovationsprogramm. In: Pädagogische Führung 2/1997, S. 81 ff.

Klippert, H.: Teamentwicklung im Klassenraum. Übungsbausteine für den Unterricht. Weinheim und Basel 1998.

Leitner, S.: So lernt man lernen. 16. Auflage. Freiburg/Basel/Wien 1991.

Meyer, H.: Schulpädagogik. Band II: Für Fortgeschrittene. Berlin 1997.

Piaget, J.: Theorien und Methoden der modernen Erziehung. Frankfurt/Main 1980.

Rolff, H.-G. u. a.: Manual Schulentwicklung. Handlungskonzepte zur pädagogischen Schulentwicklungsberatung. Weinheim und Basel 1998.

Schratz, M.; Steiner-Löffler, U.: Die Lernende Schule. Arbeitsbuch pädagogische Schulentwicklung. Weinheim und Basel 1998.

Struck, P.: Projektunterricht. Stuttgart 1980.
Vester, F.: Denken, Lernen, Vergessen. München 1978.
Witzenbacher, K.: Handlungsorientiertes Lernen in der Hauptschule. Anregungen und Beispiele für einen hauptschulgemäßen Unterricht. Ansbach 1985.

Der Autor

Heinz Klippert

Geb. 1948; Dr. rer. pol., Diplom-Ökonom, Lehrertätigkeit. Seit 1977 Dozent am Lehrerfortbildungsinstitut der evangelischen Kirchen in Rheinland-Pfalz, mit Sitz in Landau. Training und Beratung in zahlreichen schulischen Innovationsprogrammen, z. B. im kommunalen Schulwesen der Stadt München und der Stadt Nürnberg, im Schulwesen der Stadt Wien, der Steiermark und für das Bundesland Nordrhein-Westfalen. Seit 1997 Trainer und Berater im Rahmen des gemeinsamen Projektes der Bertelsmann Stiftung mit dem nordrhein-westfälischen Ministerium für Schule und Weiterbildung, Wissenschaft und Forschung zur Stärkung von Schulen im kommunalen und regionalen Umfeld in den Modellregionen Leverkusen und Herford.

Zahlreiche Veröffentlichungen zur Didaktik und Methodik des wirtschafts- und sozialkundlichen Unterrichts sowie zum Konzept und zur praktischen Umsetzung der Pädagogischen Schulentwicklung. Folgende Publikationen sind als Materialsammlungen mit Übungsbausteinen, Lernarrangements und Trainingshilfen zu den wesentlichen Themengebieten der Pädagogischen Schulentwicklung zu verstehen:

Methodentraining – Übungsbausteine für den Unterricht, Weinheim 1994
Kommunikationstraining – Übungsbausteine für den Unterricht, Weinheim 1995
Teamentwicklung im Klassenraum – Übungsbausteine für den Unterricht, Weinheim 1998